Du Cheng Yu Xue Yi Jing

读成语 学《易经》

孙元涛 / 编

中国海洋大学出版社

· 青岛 ·

图书在版编目（CIP）数据

读成语 学《易经》 / 孙元涛编. —青岛：中国海洋大学出版社，2019.4
ISBN 978-7-5670-2220-1

Ⅰ.①读… Ⅱ.①孙… Ⅲ.①《易经》—通俗读物
Ⅳ.①B221-49

中国版本图书馆CIP数据核字(2019)第092616号

读成语 学《易经》

编		者		孙元涛
出	品	统	筹	陈淑真
特	邀	顾	问	孙睿 孙文燕
内	页	书	法	韩雪茹
责	任	编	辑	孙宇菲
终			审	纪丽真
装	帧	设	计	格外书店·李佳英

出			版	中国海洋大学出版社
社			址	青岛市香港东路 23 号
网			址	http://pub.ouc.edu.cn
策	划	发	行	北京格外影响力文化传播有限公司
联	系	信	箱	chinayuanshi6677@163.com
印			刷	济南德宝印务有限公司
版			次	2019 年 7 月第 1 版
印			次	2019 年 7 月第 1 次印刷
成	品	尺	寸	170mm×230mm
印			张	11.75
字			数	154 千
印			数	1-5000 册
定			价	39.80 元

如发现印装质量问题，请致电 0532-87872799，由印刷厂负责调换

　　《易经》是一部充满大智慧的中华宝典。今天《易经》仍然活在我们的生活中，存在于我们的血脉里。它将伴随着我们永远生活下去，用它的智慧之光，照亮我们前行的道路。

　　远古时代的伏羲发明了八卦，商周时期的周文王推演出六十四卦，每卦又有六爻，共三百八十四爻。周公与孔子对《易经》进行了总结整理，又对六十四卦的三百八十四种人生和社会情况如何正确选择与决断进行了说明。孔子又为《易经》写了十篇解读文章，给它插上了翅膀，让它的智慧光芒更容易传播。

　　《易经》中的成语，充满着智慧，今天我们仍在使用。跟随着成语，让我们去探秘我们中华文化最原始的细胞，去了解博大精深的《易经》，去品味先人的智慧结晶，去开启我们的智慧之门。

目录

目录

目录

目录

格物致知

外化天下

自强不息

这一成语来自《易经》第一卦乾卦。一般认为，孔子为《易经》作了《象传》。《象传》在解释这一卦时说：天行健，君子以自强不息。

这句话的意思是，君子应该学习天道，日出日落，春夏秋冬有序更替，决不改变，永不停息。君子应像上天一样按照自己的脚步坚定地前行，自求上进，永不止息。对这句话的认同，人们代代相传便有了这个时常激励自己的成语——自强不息。

我们的祖先伏羲观察天地万物画八卦时，每个卦只有三个爻☰，共八个卦，即乾☰、坤☷、震☳、艮☶、离☲、坎☵、兑☱、巽☴。伏羲发明的八卦称为先天八卦。后来宋代的朱熹为了便于记忆，根据卦象还给这八个卦编了个歌谣：乾三连，坤六断；震仰盂，艮覆碗；离中虚，坎中满；兑上缺，巽下断。

周文王因不满商朝统治被暴虐的商纣王关在姜里城，他潜心研究八卦，结合世间万物和人事的变化重新排列组合了八卦，两两相叠，将八卦变成六十四卦，每卦六个爻，每卦都有一个卦名。

乾卦卦象：

☰ 上乾
☰ 下乾

乾卦，上下都是乾卦。乾代表天，代表龙，代表阳和健。乾卦象征刚正强健。

乾，籀文 ，古人发现天上太阳似火，照得水汽蒸发，阳气上升，就用乾表示向上的事物。

周文王认为六爻都为阳的乾卦格外重要，就将乾卦排在第一位，并写下了卦辞：元，亨，利，贞。这是对天美德和秉性的概括。在古人的眼里上天最大，刚健，运行不息，变化无穷，是最值得尊敬和敬畏的。天的美德是值得我们学习的。

—— 延伸拓展 ——

《列子》一书曾讲过一个愚公移山的故事。毛主席还用愚公自强不息的精神鼓励人们争取抗日战争的胜利，推倒帝国主义和封建主义两座大山。

愚公移山的故事是这样的，北山愚公年纪快到 90 岁了，家门口有太行、王屋两座大山挡住了出路，出来进去都要绕道。他就召集全家人商量将挡路的山移走，大家纷纷表示赞同。于是愚公率领儿孙中能挑担子的三个人上了山，凿石头，挖土，用箕畚运到渤海边上。邻居的寡妇有个孤儿，刚七八岁，也蹦蹦跳跳地去帮助他。

河湾上的智叟讥笑愚公，阻止他干这件事，说："你简直太愚蠢了！就凭你残余的岁月、剩下的力气连山上的一棵草都动不了，又能把泥土石头怎么样呢？"愚公说："我死了，还有儿子在呀；儿子又生孙子，孙子又生儿子；子子孙孙无穷无尽，可是山却不会增高加大，还怕挖不平吗？"智叟听后无话可答。

握着蛇的山神听说了这件事，怕他没完没了地挖下去，向天帝报告了。天帝被愚公的自强不息的精神所感动，命令大力神夸娥氏的两个儿子背走了那两座山。

乾卦显示的自强不息，积极进取，是我们民族精神的基石。1914年，著名学者梁启超应邀到清华大学以"君子"为题作演讲，并以乾坤两卦的《象传》的"自强不息""厚德载物"勉励学生，从而成为清华大学的校训，既激励着清华学子，也激励着每一位中华儿女。

qián
潜
lóng
龙
wù
勿
yòng
用

（插画／韩雪茹）

这一成语来自《易经》乾卦的第一爻的爻辞。

乾卦第一爻：

初九，潜龙勿用

《易经》将乾卦比作天，也比作龙，人与事都会像龙一样的变化发展。六根爻似六条不同阶段的龙，勾画出人与事物变化发展的六个阶段，形成一个清晰的规律模型，提供给我们不同阶段的应对措施。

最下面的第一爻，即初九，爻辞说：初九，潜龙勿用。这一爻是说要像潜藏的龙那样不要有所动作。也就是说，在潜伏时期还不能发挥作用，必须坚定信念，隐忍待机，积蓄力量，不可轻举妄动。隐喻事物在发展之初，虽然势头较好，但比较弱小，所以应该小心谨慎，低调行事。

5

延伸拓展

诸葛亮在未出山前，就是一条"潜龙"。诸葛亮和弟弟在一个叫隆中的地方务农。诸葛亮在默默地充实自己，倾心研究天下大势、战阵兵法及安邦治国的谋略。他平日好念"梁父吟"，又常以管仲、乐毅自比，当时的人对此都不以为然，只有他的四个密友徐庶、崔州平、孟建、石韬相信他的才干。人们称他"卧龙"，意思正是潜龙。

后来，徐庶将诸葛亮推荐给自己敬佩的刘备。刘备"三顾茅庐"，终于见到这位"卧龙先生"，听他纵论天下大势，十分敬佩，便请他出山辅佐自己。诸葛亮这只"潜龙"，果然不负众望，辅佐刘备建立蜀国，与魏、吴形成三分天下之势。

这一爻告诉人们，做事情的初期要学会低调，韬光养晦，努力充实自己。在孔子看来，勿用不等于不用，而是该用的时候才用。所以要掌握合理时机，用得恰到好处，像卧龙先生孔明一样，等待展示才能的时机。

kàng
亢

lóng
龙

yǒu
有

huǐ
悔

这一成语来自《易经》乾卦最上面一爻的爻辞。

古人创立八卦，爻的变化顺序是由下至上。周文王的六十四卦，每卦六个爻，阳爻称九，阴爻称六，乾卦全是阳爻，最上面的爻叫上九。解释这一爻的爻辞说：上九，亢龙有悔。

乾卦第六爻：

上九	亢龙有悔
九五	飞龙在天
九四	跃龙 或跃或渊
九三	惕龙 夕惕若厉
九二	现龙在田
初九	潜龙无用

为什么称亢龙？古人将乾卦除了视为天外，又看作龙。将乾卦从下面数第一个阳爻称为潜龙。第二爻称为现龙，意为经过一段时间的积累，可以有所表现了。第三爻称为惕龙，此时可以表现自己了，但要时刻谨慎小心。第四爻称为跃龙，这是实现飞跃的关键时刻，可能成功，也可能失败，要果断抓住机会。第五爻称为飞龙，经过第四阶段的努力终于成功了，人们也称飞龙在天。最后就是最上面的第六爻，称为亢龙，亢是最高的，悔是灾祸，意为已经处在

最高位或事业的巅峰，将会面临挫折，随时都有走下坡路的可能，便会出现本成语"亢龙有悔"。

龙向上飞得太高了，便会有后悔的灾祸事情发生。孔子认为，对于一个人来说，地位尊贵却德行不相配，高高在上却脱离民众，贤人居下位无法前来辅佐，所以最终会酿成悔恨。

─── 延伸拓展 ───

唐明皇李隆基曾经开创了开元盛世，但后来尝尽了"亢龙有悔"的苦头。

这个曾经大有作为的皇帝，功成名就之后，自我膨胀，沉湎于与杨贵妃的情爱之中，忽视了对国家的治理，重用权相李林甫和杨国忠，致使割据的藩镇做大，爆发了"安史之乱"。

叛军攻下长安，唐明皇只好仓皇出逃，逃往四川。在路上的马嵬坡，将士们哗变，要求处死杨国忠和杨玉环，唐明皇只好照办。

危难时，儿子李亨当了皇帝。平乱后，唐明皇从四川回来，只好做了太上皇，被软禁起来。

后来，郑板桥还写了一首感叹太上皇的诗。诗中写道：

南内凄清西内荒，

淡云秋树满宫墙。

由来百代名天子，

不肯将身作上皇。

这一爻告诉人们，居高位的人一定要自省戒骄，不要忘乎所以，不能脱离群众，否则会因失败而后悔。做事情也一样，凡事不能做过了头，太过分就会物极必反。

群 qún
龙 lóng
无 wú
首 shǒu

这一成语来自《易经》乾卦。与其他卦不同，乾卦独有一个断语叫用九。为什么叫用九？就是这个乾卦都是阳爻，都是九，意为要善于运用，顺应各爻的变化。这卦的用九说：群龙无首，吉。

首，甲骨文 ，像动物有眉、有眼、有嘴的头部，引申为头领、首领。这段话的原意是，出现了一群龙而没有首领，而每条龙都能各司其职做好自己分内的事，寓意吉祥。

群龙无首为何会吉祥？原来，尽管没有首领，但每条龙都能各司其职，做好自己分内的事，自然吉祥，这是执政的最高境界。也有人理解为龙在不断变化，没有一成不变的状态。

群龙无首这一成语，原本体现的是周公作礼的基本思想，通过礼乐制度规范等级名分，维护社会秩序，避免诸侯混战。于是，一群龙不推举首领，平等相处，和舟共济，这当然不会凶险，必大吉大利。只是后来，在专制社会意识的影响下，该成语的意思逐渐变成了贬义。

延伸拓展

刘邦打败项羽建立汉朝。汉朝初年，刘邦接受了秦始皇的教训，国家治理的指导思想从"有为"转向"无为"，奉行黄老之道。无为，就是最高当政者不去人为地制造麻烦，让各层级的官员尽职尽责，自主运行。

汉文帝对外走和亲的道路，对内让百姓休养生息，不折腾百姓。自己十分俭朴，穿粗丝衣服，对自己最宠爱的慎夫人不让其穿拖到地面的裙服。汉文帝在位 23 年，宫殿、园林未增建一处。

汉景帝仍坚持与民休息的国策，即位当年免除了一半的田租，实行三十税一，并成为定制。将男子服役的年龄从 17 岁提高到 20 岁。

汉文帝、汉景帝即位的 40 年，一扫汉初残破、萧条的景象，出现空前繁荣，史称"文景之治"。老百姓丰衣足食，城乡粮仓堆满了粮食，国库里的钱数以亿计。因长期不用，穿钱的绳子都腐朽了。太仓的粮食放满了，只好堆在路上，以致腐烂不可食。连地位卑贱的看门人都吃上小米和肉。官吏们无事可做，就忙着生孩子。

成语群龙无首也是老子追求的"无为而治"的治国理念。汉文帝、汉景帝运用这一理念，开创了汉朝第一个盛世——文景之治。今天，自主意识、平等相待和协作相处的精神仍然值得我们传承。

厚德载物

hòu dé zài wù

这一成语来自《易经》第二个卦坤卦。孔子解释卦辞和爻辞的文字为《象传》，是他所作"十翼"之一。孔子解释该卦卦辞的《象传》说：地势，坤；君子以厚德载物。

这句话的意思是，你看大地具有多么美好而宽广的胸怀，大地可以接受一切美好的东西，也可以接受很多不好的东西，它的德性多么深厚。人们应该向大地学习，像大地一样的宽容温顺。

坤卦卦象：

上坤

下坤

坤卦，上下都是坤卦，六爻皆阴，代表阴到了极致，是与乾卦相对应的最主要的卦。

坤卦象征地，地载万物，也可使万物归隐，所以坤卦有归与藏的意思。

坤卦主阴，也象征母亲、母马、水、布、大众等，因为母亲是慈祥而温柔的；母马是温顺而任劳任怨的；水是始终处下而容纳的；布是柔软而可包裹的；大众的本性是顺从的。

坤，篆文 **坤**，古人称地神，指与阳性相对应的阴性大地。

古人有时将乾卦比成龙，而将坤卦便比成马。因为从马的身上人们看到了忠实、任劳任怨、顺从、温和、忍辱负重。马的许多优秀的品质值得人们学习。这正是我们中华民族崇尚和经久弥坚的龙马精神。

──◇ 延伸拓展 ◇──

毛主席在陕北时期有一个陪伴自己的小青马。这匹马个头不大，但它力气大、灵活、速度快，跑起来起伏小，平稳，性格温顺老实。

与胡宗南在陕北兜圈子的时候，毛主席对小青马十分爱惜，遇到难走的路就下马步行。一次，马掌掉了，主席宁愿徒步行军，生怕把马蹄磨坏。小青马似乎也明白体贴和保护主人。一次行军途中，小青马走到一处山崖下，不再前行，警卫员拍了一下马屁股，小青马还是一动也不动。就在这时，敌机的轰隆声由远而近，一架"红寡妇"飞机掠过头顶向北飞去。由于山崖的掩护，敌机并未发现这一行人马，忠诚的小青马竟然救了大家的命。

小青马跟随党中央进驻北平，后来作为军功马被送到北京动物园精心饲养。随着岁月流逝，小青马毛色变白，成了一匹"老白马"，最后在1962年老死。临死前，忠诚的小青马面向中南海嘶叫了三声，似乎在向主人作最后的告别。

厚德载物这一成语是对坤卦整体卦德的表述，代表了坤卦的品德精髓，也是中华民族精神的重要源头。大地包容无限而广大，顺应着天道，万物赖以生长，万事得以亨通，这是中国和合文化的本源。我们常说，海纳百川，有容乃大；心底无私天地宽。这得益于坤卦对我们民族心灵的长期塑造。

fā
发
yáng
扬
guāng
光
dà
大

这一成语来自《易经》坤卦。孔子专门对卦辞的解释称为《彖传》，是他所作"十翼"之一。孔子解释该卦卦辞的《彖传》说：坤厚载物，德合无疆。含弘光大，品物咸亨。

发，甲骨文 𐤀，本义是一个人跑着将投枪掷向猎物，这里指发出去。光的甲骨文 𐤀，是一个跪着的人头上顶着火炬，将光明带给人们。

成语发扬光大，指将好的品性和传统传播、发展和提高。

孔子解释该卦卦辞的《彖传》说：坤卦像大地，敦厚而负载万物，德性顺天而久远无疆；含育一切而光照万物，帮助万物发挥和张扬自己的本性。万物因为有了大地的滋润而能够顺利成长。

———— 延伸拓展 ————

佛教在中国大地发扬光大，因为这片土地宽广无边的包容性在发挥着作用。

公元前 6 世纪，佛教诞生于古印度。从它诞生起，便受到原有印度教的排斥和抵制，日渐衰微。秦汉时期佛教逐渐传入中国，由宫廷陆续走入民间。在这个过程中，它受到了阴阳、五行、儒、道、墨等学说的影响和同化，不断进行中国化改造。特别是大乘佛教，不仅站住了脚，还不断发展，在中国经过 2000 多年的传播，发扬光大，现在已经成为世界佛教的中心之一。

坤卦告诉人们，不仅要有大地的情怀宽广无比，能包容万物，还要甘于奉献，能为万物提供生长的营养，使万物生根开花茁壮成长，放出灿烂夺目之光。这是大地敦厚的德行，值得人们学习。

积

jī

善

shàn

余

yú

庆

qìng

这一成语来自《易经》坤卦第一爻的《文言》。一般认为，《文言》是孔子对乾、坤两卦特有的解释，是他所作"十翼"之一。孔子在解释中说：积善之家，必有余庆；积不善之家，必有余殃。

积善，意思是多行善事；余庆，指前代的遗留给后代的福泽；余殃，是说先人之祸会殃及子孙。

善，甲骨文 ，像羊一样眼神安神温和，引申为仁慈的义举。

成语积善余庆的意思是积德行善之家，恩德惠及子孙。

坤卦第一爻：

上坤

初六，履霜，坚冰至。　　　下坤

该爻辞说：初六，履霜，坚冰至。文言：积善之家，必有余庆；积不善之家，必有余殃。臣弑其君，子弑其父，非一朝一夕之故，其所由来者渐矣，由辩之不早辩也。易曰：履霜坚冰至，盖言顺也。

这一爻的意思是，当你踩踏到深秋的薄霜时，就要想到冬天就会来临，厚厚的坚冰随即就会出现在你的面前。积累善行的人家，必定有享受不完的喜庆；积累恶行的人家，必定遭遇接连不断的祸殃。臣子杀死君主，儿子杀死父亲，其原因不是一朝一夕形成的，是长期积累的结果，只是由于没有及早地辨别罢了。"履霜坚冰至"，就是讲由小及大的发展趋势。

延 伸 拓 展

商朝末年的箕子，是商纣王的叔父。初期的商纣王不仅身强力壮，还有一些振兴商朝的志向，也做了一些开疆拓土、利民安邦的事情。

小有成绩后，商纣王贪图享乐的思想开始冒头。作为叔叔的箕子，最先发现了这一苗头。他的发现是从商纣王的一把象牙筷子开始的。尽管，当时中原地区仍然有大象活动，但人们吃饭用的筷子很少用象牙制作。

一双筷子虽小，但箕子"履霜坚冰至"，已经敏锐地看到了纣王如果继续贪图享乐会带来的恶果。在他看来，用象牙做成的筷子，就不会再用泥烧制成的陶碗，而要用玉做成的碗。用玉做成的碗，便不会盛粗茶淡饭，必然要吃山珍海味。人一旦吃上山珍海味，就难以再穿葛麻织成的粗布衣服，必然会穿起绫罗绸缎。穿着这样锦绣衣服的人，不可能再住在简陋的房屋里，必然要住高台大宅。而这一切，要从民众身上聚敛财富，必然被民众所抛弃。

箕子及时劝谏纣王，可是纣王不听，最后纣王穷奢极欲，导致600年的商王朝被周武王推翻，自己也登上高台自焚。

这一成语传递出坤卦初爻的智慧，即对任何事物都要善于观察苗头。事物的发展都是一点点向前的，循序渐进，由量变到质变。从秋天的霜，逐步发展到冬天的坚冰。好的德行，是通过一点点修炼，一件件事情积累升华而成。恶的后果，也是由一步步放纵自己，一次次丧失良知而酿成的。

不^{bù}弃^{qì}草^{cǎo}昧^{mèi}

不
弃
草
昧

这一成语来自《易经》屯卦。孔子解释该卦卦辞的《彖传》说：屯，刚柔始交而难生，动乎险中，大亨贞。雷雨之动满盈，天造草昧宜建侯而不宁。

这里的草，是草创，小草刚刚长出；昧，本指天还未亮，这里指未形成秩序的蒙昧之初。成语不弃草昧，意思是不要看不起初生的幼苗。

屯卦卦象：

上坎

下震

下面的卦为震卦，震代表雷，上面卦为坎卦，坎代表水，有雷声便预示着要下雨。下雨，种子才会发芽，地上的植物才能生长，幼苗才有长成的希望。此卦代表事物初生的萌芽时期。

在金文中"屯"字是象形字 ，描写的是幼苗破土而出的状态，上面是芽，下面是根，还有艰难的意思。

孔子解释该卦卦辞的《彖传》说：雷电下雨，阳气与阴气开始交合，艰难随之产生。在艰险中坚持前行，大为亨通。惊雷大雨充满宇宙，上天的造化仍在草创、混沌之时，宜于奋发努力创建功业而不会安居无所事事。

延伸拓展

　　马云的创业成功，是对该成语的一个活生生的诠释。1994 年底，马云才听说"互联网"这个词。1999 年初，他偶然去美国，才首次接触互联网。虽然当时的他，对电脑一窍不通，但由于对新生事物的敏锐感知，他立刻觉察到这是未来社会的发展大势。所以，回国之后，他立即创办了中国最早的互联网公司之一——中国黄页，随后开发了一系列国家级网站。

　　当国内的互联网蓬勃兴起的时候，马云又敏锐意识到互联网与企业电子商务结合的，巨大发展空间与机会，开创了"互联网的第四模式"——电子商务。先后创办了阿里巴巴、淘宝、天猫、阿里云等知名电子商务品牌，并已经在美国上市。

　　当初的这棵小苗，已经成长为闻名世界的大树。2018 年，天猫"双十一"一天的网上商品交易成交额就达到了 2135 亿元人民币。

16

　　屯卦告诉人们，万事开头难。任何事物都有一个开始、成长、壮大的过程。小苗初生尽管幼稚艰难，但要坚持培育必能成栋梁之材。不要歧视"小荷才露尖尖角"，要重视和发现新生事物，而且要认真对待，科学扶植，终究会取得丰硕的成果。

满
mǎn

腹
fù

经
jīng

纶
lún

这一成语来自《易经》屯卦。孔子解释该卦卦辞的《象传》说：云雷，屯；君子以经纶。

经，是指织布时首先在织机上布好的纵向丝线，以便横线穿越，经线最重要；纶，本义是将丝理出头绪，所以经纶引申为治理国家。

成语满腹经纶，是形容人有才干和谋略。

屯卦卦象：

上坎

下震

屯卦，下面是震卦，震代表雷，上面是坎卦，坎代表云代表水，雷雨交加，春惊雷一声惊万物，万物萌生，充满艰难险阻。屯卦也有屯聚的意思。

孔子解释该卦卦辞的《象传》说：云雷，屯；君子以经纶。意思是，上卦为云，下卦为雷，云行雷动，这便是屯卦的象征；君子当从中受到启发，经营好自己的事业。

---延伸拓展---

　　林则徐从小立志报国，少年在家乡福州读书时，附近有抗金名臣李纲的祠庙，他便写了副对联表达自己对英雄的敬仰：进退一身关社稷，英灵千古镇湖山。从此，林则徐决心以天下为己任，为振兴国家和造福黎民百姓贡献自己的全部力量。

　　1839 年，道光皇帝任命他为钦差大臣，前往广东禁烟，并节制广东水师，查办海口。林则徐到达广州后，会同两广总督邓廷桢等地方大员传讯洋商，令外国烟贩限期交出鸦片。他采取撤买办工役、封锁商馆等正义措施，挫败英国驻华商务监督义律和烟贩的狡赖，收缴英国趸船上的全部鸦片。该年 6 月 3 日起林则徐在虎门海滩销烟，23 天，销毁鸦片近 2 万箱和 2000 多袋，总重量达 200 多万斤。

　　1840 年，鸦片战争爆发。清政府畏敌求和，将责任归于林则徐，将其贬至新疆伊犁。胸怀报国大志的林则徐，路过湖南时还和左宗棠商议经营西北大计，才有了后来左宗棠收复新疆的功业。林则徐在西安与家人告别时，又作《赴戍登程口占示家人》一诗，其中"苟利国家生死以，岂因祸福避趋之"，表达了其不计个人得失的报国情怀。

　　屯卦告诉人们，任何事物初期都会遇到困难。越是困难的时候，越要树立远大的志向，越要梳理清楚自己的思路，做出科学而实际的规划，做到胸有成竹。然后，按照既定的规划有条不紊地行事，一步一个脚印地向目标迈进。

迟疑不定
chí yí bù dìng

这一成语来自《易经》蒙卦。卦辞说：初筮告，再三渎，渎则不告，利贞。

古时占卜决断事情有两种，用龟甲占的卦为卜，有蓍草占的卦为筮。渎的本义为小水沟，这里引申为对占卜决断怀疑不定，对上天不恭敬。

成语迟疑不定的意思是犹豫不决。

蒙，甲骨文 ，是用帽子罩住小鸟，古人指动物和人的眼睛被罩住，从而失去了视野，引申为智力尚未开发。

蒙卦卦象：

上艮
下坎

这一卦，上面为艮卦，艮代表山，下面为坎卦，坎代表水，山下出泉，泉水始流出山。正如懵懂年幼的小孩，智慧逐渐开启。该卦又象征山下有险，险被山止，止则不通，所以蒙昧不明。该卦象征蒙稚、蒙昧。

该卦重在对人和事物初期的启蒙教育。卦辞的意思是说，初次占筮的就告诉他。两次三次占筮就亵渎了神灵，对亵渎神灵的就不要告诉他，宜于固守正道。迟疑不定这一成语就是从"初筮告，再三渎，渎则不告"引申而来的。

——延 伸 拓 展——

战国后期，楚怀王败国身亡就是犹豫不决造成的恶果。

楚国经过吴起十多年的变法，取得了不少成绩。尽管吴起变法遭到贵族势力的反对，最终夭折，但为楚国积蓄的国力，在战国七雄的争夺中仍然有不可忽视的实力。

楚国到了楚怀王时开始发生了变化。楚怀王初期，还是想有一番作为的，一度成为苏秦倡导合纵抗秦的"合纵王"。当时，楚国与齐国紧密团结，强大的秦国一时还无法同时对付这两大联盟的强国。

秦国便在纵横家张仪的鼓动下，采取打一个拉一个的策略，设计拆散楚国与齐国的联盟。秦国派张仪出使楚国，用600里土地诱惑楚怀王。楚怀王开始动摇，犹豫不决，尽管负责国政、外交的屈原极力反对，楚怀王还是断绝了与齐国的结盟。

后来楚国发现张仪的割让土地是虚假的，十分恼火，便又向秦国宣战，因为没有齐国的支持，打了一年仅损失了70万人。楚国只好又加强与齐国的关系。

秦国再次派张仪以割让汉中给楚国为诱饵，楚怀王在靳尚和郑袖等人蛊惑下，犹豫再三，觉得投靠秦国可以保住安宁，便再次决定媚秦拒齐。出使齐国刚回来的屈原坚决反对楚怀王反齐亲秦的政策，楚怀王听不进去，还将屈原放逐于洞庭湖。

失去联齐的正确选择，楚国无法对付强秦，在后来秦国的几次打击下，这只一度强大的"南方虎"变成了"南方羊"。楚怀王自己也在武关与秦的会晤中被扣押，最后忧郁地死在秦国。

蒙卦告诉人们，当遇到两难的选择时，要有真诚之心，并要有果断的抉择。如果在选择面前，犹豫不决，神灵也不会帮助你的。古人正是靠着真诚与果断走出了蒙昧的时代。

刚柔相济

gāng
róu
xiāng
jì

　　这一成语来自《易经》蒙卦第二爻。爻辞说：九二，包蒙，吉。纳妇，吉。子克家。象曰：子克家，刚柔接也。

　　包蒙，意思是关怀懵懂幼稚的孩童；纳妇，是指娶妻；子克家，指儿子长大了，能够成家立业；接，是交接或调剂。

　　这一爻爻辞的意思是，关怀蒙稚孩童，吉祥。迎娶妻子，吉祥。解释这一爻的《象传》说：儿子可以持家了，是因为男女刚柔能相互感通补充的缘故。另外，对于蒙昧孩子的教育，用刚柔相济的方法，也会大有帮助。

　　成语刚柔相济就是从这一爻所含的刚强与柔和相互交接调剂中得来。

　　蒙卦第二爻：

　　　　上艮
　　　　下坎

在中国历代的君王中，唐朝的唐太宗就是一个刚柔相济的英雄般的明君，一直为后人称道。

隋末乱世，李世民在山西晋阳鼓动父亲李渊起兵反隋，用强硬的统治手段推翻了隋朝的统治，建立了唐朝。本来起兵之初，李渊答应事成后立李世民为太子，结果却立长兄李建成为太子，兄弟矛盾尖锐，李建成、李元吉密谋杀害李世民。李世民先下手为强，果断采取措施，发动"玄武门之变"，射杀了李建成、李元吉，逼李渊让出皇位。

李世民登基后，采取安民政策，薄赋尚俭，与民休息，大力复兴文教，使隋末的混乱很快安定下来。他对过去反对过自己的大臣实行怀柔政策，不计前嫌，唯贤是用。治国理政则克制自己的欲望，虚心听取别人的意见，从谏如流，其中魏徵廷谏了200多次，在朝堂上直陈皇帝的过失，甚至多次发生了使李世民尴尬、下不了台的状况。贞观时期在李世民的治理下，经济发展，社会安定，夜不闭户，道不拾遗。贞观四年（630年），全国判处死刑的囚犯只有29人。

在对外关系上，李世民对于侵犯边境的势力决不手软，破突厥，夷吐浑，平高昌，灭焉耆，皆俘其王，亲驾辽东征讨反叛高丽。而对友好交往的友邦则开明友善，致使争相往来，四海宾服，吸引着各国的商人学者前来经商学习，不绝于途。

《剑桥中国隋唐史》中说："对后世的中国文人来说，唐太宗代表了一个文治武功理想地结合起来的盛世。"中国台湾的李敖说："唐太宗是历史上最有'奇情'气质的英雄人物，柔情侠骨，一应俱全。在打天下的政治斗争中，当然他有霹雳手段，但在这些政治性的'俗情'以外，他有许多'奇情'，使江山多彩，为人类增辉。"

蒙卦这一爻告诉人们，男女相结合可以组成家庭，生儿育女，从而延续着人类生生不息。任何事物的成功与发展，同样离不开阴与阳的对接，刚与柔的结合。离开了任何一方，都很难持久下去。

不^{bù}速^{sù}之^{zhī}客^{kè}

这一成语来自《易经》需卦最上面的一爻。爻辞说：上六，入于穴，有不速之客三人来。敬之，终吉。速，指邀请。

成语不速之客，是指未经邀请而自己来的客人。

需卦卦象：

上坎

下乾

需卦，下面是乾卦，乾代表天，上面是坎卦，坎代表云和水；云气上集于天，等待时机降雨，需卦象征等待，也有需待饮食的意思。

需，甲骨文 [图]，本指人体质虚弱，两腋流汗，等待补充。后来将人出汗，写成了 [图]，上面写成雨，指下雨了，要停下来等待。

前面一卦为蒙卦，象征人处于儿童期，接下来人处于生长期就是需卦，生长期必须有充足的营养物质进行支撑。

该卦上六爻爻辞意思是，上六，进入洞穴，有三位不请自来的客人到来，尊敬他们，终会吉祥。解释该爻辞的《象传》说：不请自来的客人到来，尊敬他们，终会吉祥，尽管可能会受怀疑，但（因谦卑恭敬）还没有大的过失。

延伸拓展

刘邦在霸上出席项羽设下的鸿门宴就是以忍耐与等待应对不速之客的成功例子。

刘邦率军避实就虚，从武关最先进入秦朝腹地关中，攻克咸阳。按照当年起兵反秦的楚怀王之约：先破秦入咸阳者为关中王。可是，后来入关的项羽不但不履行怀王之约，还以刘邦在函谷关阻挡其入关为由，用4倍于刘邦的大军准备攻打刘邦。项羽采纳谋士范曾的计谋，在鸿门设宴，准备借机一举除掉刘邦。

项羽大军压境，对于早已入关的刘邦来讲可以说是"不速之客"。实力悬殊，危如累卵。在危机关头，得到消息的刘邦，在张良的建议下带着礼物决然赴宴。

在宴席上，刘邦对项羽表现得很谦卑，以礼相待，主动认错，使项羽无法发作。范曾又让项庄舞剑，意在刺杀刘邦。但刘邦沉着应对，泰然自若，加之项伯的暗中帮助，使项庄难以得手。

最后，在张良的谋划下，刘邦溜出了项羽大营，挫败了范曾一次次的刺杀阴谋，终于化险为夷。

这卦爻告诉人们，在困境中不要轻言放弃，需要耐心等待时机。当有人来帮助你时，不管以前是否认识，或者有怨恨，都要顺从他们，尊重他们，因为在特定环境中，人的善良本性会被发现，助人为乐的美好品德都会展现出来。孟子提出"性本善"就举例，即便是恶毒的女人见到小孩落井也会去施以援手。

师 shī
出 chū
以 yǐ
律 lù

　　这一成语来自《易经》师卦第一爻。爻辞说：初六，师出以律，否臧凶。

　　师，是古代军事编制单位，亦指战争。甲骨文 𠂤 𠂤，是一块圆玉的一半或一部分，是古代检验军队调动权的兵符。据周代官制，五人为一伍，五伍为一两，五两为一卒，五卒为一旅，五旅为一师，这里的师泛指战争。律，指军纪军法。臧，善；否臧，不善，意思是不按军纪行事就会有凶险。

　　成语师出以律，指军队出动要严格军纪，否则会便会有凶险。

　　师卦卦象：

　　　　　　　　　　　　　　　　　上坎
　　　　　　　　　　　　　　　　　下坤

　　师卦，下面是坤卦，坤代表地代表众，上面是坎卦，坎代表水代表险，地中有水，行众犯险。地中众者莫过于水，师为众，该卦有部属兵士众多、行军打仗的意思。

师卦第一爻的爻辞的意思是，军队出动要有纪律约束，不遵守军队纪律会有凶险。

春秋时期，齐国遭受晋国与燕国的两面夹击，齐景公一时不知所措。晏婴便向齐景公推荐颇有军事谋略的司马穰苴，景公随即委任他为大将军，率兵抗击晋国与燕国的军队。

司马穰苴对景公说，自己初任将军，恐众心不服，请给自己派一个监军。景公随即派了自己身边的宠臣庄贾作为监军。司马穰苴与庄贾约定，第二天中午，在军营门口会面。

第二天，司马穰苴早早来到军中，立木表，设漏壶，专候庄贾。庄贾平日骄纵，现既任为监军，亲戚左右欢送，留他宴饮，迟至日暮，他才来到军中。穰苴责问他迟到原因，他说因为有大夫亲戚相送，所以来迟。

司马穰苴说："身为将领从接受任命的那一天起就应当忘记自己的家庭，来到军队宣布规章号令后就应该忘掉私人的交情，擂鼓进军战况紧急时刻就应当忘掉自己的生命。如今敌人已经深入国境，国内骚乱不安，国君睡不安稳，吃不香甜，全国百姓的生命都维系在你身上，还说什么送行呢？依军法当斩。"

庄贾害怕，派人驰报景公。使者未及返回，穰苴已斩了庄贾，三军为之颤栗。景公使者持节来救庄贾，驾车驰入军中。穰苴说："将在军，君令有所不受。"随后问军正："随便驰入军中犯什么罪？"军正说："当斩！"使者听到害怕了。穰苴说：国君的使者不可以杀，遂斩了车夫，砍去车左边的立木，杀了最左边的那匹马，向三军宣示。并派人向景公报告处罚结果。

师卦告诉人们，从古至今，只有纪律严明的军队才能打胜仗。齐国司马穰苴斩来迟的庄贾以正军纪，孙武练兵斩吴王妃都是著名的整军范例。毛主席说过："军队向前进，生产长一寸；加强纪律性，革命无不胜。"我们人民军队能够战胜国内外敌人靠的就是铁一般的纪律。

网
_{wǎng}

开
_{kāi}

一
_{yī}

面
_{miàn}

这一成语来自《易经》比卦第五爻。爻辞说：九五比，显比，王用三驱，失前禽。邑人不诫，吉。

比，甲骨文 ⺁⺁ 像两人步调一致、比肩而行的样子，表示和谐亲密。显，光明。王用三驱，讲王放开三面驱赶猎物。失前禽，故意放走跑在前面的猎物。诫，惊惧。

一般认为，这里的王是商王成汤。解释这一爻的《象传》说：光明正大的交往之所以会吉祥，是因为九五刚健而中正。保持中心。舍弃背叛，容纳归顺，所以失去前面的禽兽；百姓不惧怕君王，是因为君王以中正治国，平易近人。这样贤明的君王，怎么会不吉祥呢？

比卦卦象：

上坎

下坤

比卦，下面是坤卦，坤代表地，上面是坎卦，坎代表水，地上有水。水得地而蓄而流，地得水而柔而润，水与地亲密无间。比卦象征亲密、亲比。该卦前一卦为师卦，是打仗的意思，打仗胜利后，该治理国家，这就需要上下一心，亲密无间。

孔子解释该爻辞的《象传》说：地上有水，比。先王以建万国亲诸侯。意思是地上有水便是比卦的卦象。先王在这样的时势下，封建万国，亲近诸侯。在孔子看来，这一卦反映了武王灭商登基后，群侯辅佐武王治理天下的史实。武王分封诸侯后，与诸侯相亲，诸侯也与武王相亲。武王有姜子牙、周公旦、南宫括等一班贤人佐助，使四海归顺。而不来归顺的，则会有凶险，如果武王兴师问罪，自然会有灭国的风险。

———延伸拓展———

有人认为该卦第五爻讲的是商王成汤的一个故事。当年商朝的开国之君商王成汤充满仁爱之心，打猎时，划一范围，只有一面设置网，其他三面敞开，然后开始追逐猎物。禽兽从三面逃跑，不予追杀，任其跑掉。跑向网的自然被捕获。让开三面，说明王者仁爱惠及天下，甚至惠及禽兽，采取的是一切顺其自然的态度。老百姓对商王成汤兴师狩猎毫不惊惧，因为商王对猎物都如此宽厚，对民众更是仁爱。

这个成语本来是网开三面，后来逐渐演变为网开一面，但意思基本一致，用来比喻采取宽大态度，给人一条出路。

比卦告诉人们，和谐的社会局面离不开大度与宽容，即使犯过错误的人，只要认真改正，都是团结的对象。只有像商汤一样宽容与大度，才能调动广大人民群众的积极性，同心协力去实现共同的奋斗目标。

夫
fū

妻
qī

反
fǎn

目
mù

　　这一成语来自《易经》小畜卦第三爻。爻辞说：九三，舆说辐，夫妻反目。象曰：夫妻反目，不能正室也。

　　舆，指大车；说，同"脱"；辐，车轮的辐条。爻辞的意思为，大车脱落了辐条，夫妻反目不和。《象传》解释说：夫妻反目失和，是因为夫妻关系错位了。

　　成语夫妻反目，指夫妻不和成为仇人。

　　畜，甲骨文 🔣 ，这是畜牧业和农业进步的象征，古人用绳索将猎获幼小的动物圈起来，用谷物或牧草饲养，以备食用。

　　小畜卦卦象：

䷈　　上巽
　　　　下乾

小畜卦，下面是乾卦，乾代表天，上面是巽卦，巽代表风。天上的风在慢慢增强，云在逐渐增多，称为小畜。天的特点是强健，风的特点是顺从。但在卦中风消极被动，这就需要顺应处于主动地位的天，避免冲突，减少损失，一点一点积蓄力量。

—— 延伸拓展 ——

周武王伐纣后，建立了周王朝，大封天下。武王将弟弟管叔、霍叔和蔡叔封在商都附近，以监视商朝遗民，史称"三监"。但不久，武王患病而死。继承王位的周成王年幼，辅佐成王的周公便代行国政。但排行老三的管叔没有顺应周王朝最高权力结构的变化，认为按照兄终弟及的传位惯例，王位应传给自己，也不应给排在自己后面的周公。

于是，管叔联络弟弟霍叔、蔡叔，还勾结了纣王的儿子武庚污蔑周公篡夺王位，并发动了叛乱，兄弟彻底反目，史称"三监之乱"。危急时刻，周公与召公合作，营造了一个安定团结的政治局面，争取到多数的力量来共同对付叛乱，解决了一次重大的政治危机。周公亲率大军东征，三年后平定叛乱。

小畜卦告诉人们，车轮离开辐条难以行走。夫妻摆不正位置，家庭就会处于危险的境地。同样，大臣背叛君主也是十分危险的。周公代年幼的成王行政后，其哥哥管叔有意争权，到处散布流言，并联合蔡叔、霍叔及商纣王的儿子武庚一起叛周。尽管周公最终平定了叛乱，但兄弟不和的教训仍很深刻。

yōu
幽

dú
独

zhī
之

xián
贤

　　这一成语来自《易经》履卦第二爻。爻辞说：九二，履道坦坦，幽人贞吉。

　　履，金文 **𩑡** 是古人穿的船形的鞋去上任格外谨慎；坦坦，平的意思；幽人，幽隐的人，即处在不被人发现环境中的人。

　　成语幽独之贤，正是从这九二爻辞引申出来的。意思是尽管道路平坦宽阔，没有人监管，一个人相处的时候，仍然要小心谨慎地坚持守正之道。

　　履卦卦象：

☰　　上乾

☱　　下兑

履卦，下兑上乾，天在上，泽在下，为上下之正理。象征慎行，小心行事之意。履是人穿的鞋子，履卦又有履行、实践的意思。

履卦第二爻讲的是，前面的道路宽阔平坦，幽隐之人守正可获得吉祥。解释该爻辞的《象传》中说，幽隐之人守正可获得吉祥。

── 延伸拓展 ──

历史上的杨震深夜私宅拒金讲的正是关于慎独的事情。

东汉时的杨震，其八世祖曾跟刘邦打天下，被封为侯。杨震在当地很有贤名，被称为"关西孔子杨伯起"。他四次当荆州刺史，后调任东莱太守。他上任路过昌邑的时候，过去他曾经推荐的荆州秀才王密正在做昌邑县令。夜里，王密去拜见杨震，怀中揣了十斤金子，送给杨震。杨震说："我了解你，你不了解我，这是怎么回事呀？"王密说："深夜没有人能知道的。"杨震说："天知，神知，我知，你知。怎能说没人知道呢！"王密羞愧地退出去了。

这就是著名的杨震拒金的故事，又称"杨震四知"。

32

在处于对自己有利的时候该如何应对？履卦告诉人们，尽管走在平平坦坦的大路上，但内心要保持一个小心谨慎的态度，认真将应对各种危险的方法都考虑周全。东汉杨震黑夜里拒收自己推荐官员王密的礼金，留下"天知，地知，你知，我知"至今流传的佳话。

三
sān

阳
yáng

开
kāi

泰
tài

这一成语来自《易经》一个较完美的卦——泰卦。孔子解释该卦卦辞的《象传》说:天地交,泰。

泰,金文 ，像人们在酷热的夏季双手将净洁的水泼洒在身上,不仅清爽降温,还能除污祛邪,带来吉祥与幸福。引申为通达、舒畅。

成语三阳开泰,意思是冬去春来,比喻吉祥之象。

泰卦卦象:

上坤

下乾

泰卦,下面是乾卦,乾代表天,又代表阳,阳气上升,上面是坤卦,坤代表地,又代表阴,阴气下沉,这一卦展示的是天地阴阳交合,万物生长畅通。泰卦象征通泰平安,充满吉祥。古代也用六十四卦中的十二消息卦代表十二个月份。坤卦为十月(周历的十月是我们现行夏历的十二月)的卦象,全为阴,复卦为十一月(夏历一月)的卦象,一阳生于下,临卦为十二月(夏历二月)的卦象,二阳生于下,泰卦为正月(夏历三月),下卦为三阳。当二十四节气的"雨水"时,阳气明显处于强势,天气逐渐变暖,万物开始生长,称三阳开泰。

刘邦善于听取下属意见，上下沟通，采纳正确的意见，最终做出正确的决断。

面对强大的项羽，刘邦听从张良的劝告，勇敢赴鸿门宴。在刀光剑影中，沉着应对，化险为夷。在被贬汉中，军心不稳时，他能够听从萧何的建议，重用韩信，拜将授权。为了打破项羽的封锁，他采纳张良的谋略，"明修栈道，暗渡陈仓"，出奇兵占领关中，取得战略的主动权。在与项羽鸿沟对峙中，逼迫粮尽兵疲的项羽签订合约，划分"楚河汉界"。此时，刘邦虚心听取张良、陈平"宜将剩勇追穷寇"的建议，东进攻击东撤的楚军，最后在垓下歼灭楚军，逼项羽乌江自刎。

刘邦不仅善于与谋臣大将沟通听取意见，对于下层士卒的建议也大胆采纳。建立大汉初期，刘邦想将国都定在洛阳。此时，一个齐地赴陇西守边的小卒娄敬，通过刘邦身边的将军见到刘邦。娄敬穿着脏兮兮的老羊皮袄，在大殿上向刘邦陈述了关中形势，秦人可用，应在长安定都的方略。刘邦问群臣，群臣皆反对。只有张良赞成娄敬的建议，并列举了定都长安或洛阳的利弊。刘邦当机立断，接受了小卒娄敬的建议，即日西行，定都长安，并封娄敬为郎中，号奉春君，赐姓刘。有关定都这样一个重大的决策，居然能够接受一个无名小卒的建议，并立即付诸实施，古今中外，除了汉高祖刘邦外，恐怕再无第二人。

正是刘邦做到了上下互动，集思广益，人心通达顺畅，才能形成强大的战斗力，并在战争中克敌制胜，建国后迅速实现国泰民安。

三阳开泰的成语表现了泰卦是人们追求的理想状态。阴阳平衡，处处充满生机。天地阴阳交合，万物焕发出正能量。根据《易经》泰卦构建的故宫，还专门建有一个交泰殿。三阳开泰，它启示着人们要努力争取畅达安宁的生活，珍惜这一大好局面，努力维护好和平发展的势头。

内 柔 外 刚
nèi róu wài gāng

　　这一成语来自《易经》否卦。孔子解释该卦卦辞的《象传》说：内阴而外阳，内柔而外刚。所以，也就有了今天我们常说的成语内柔外刚，意思是内心柔弱，外表刚强。

　　否，金文 ，表示唾弃、行不通。引申为不顺，变坏。

　　否卦卦象：

 上乾
　　　　　　下坤

　　否卦与泰卦完全相反，下面是坤卦，坤代表地，上面是乾卦，乾代表天，天气上升，地气下降，天地阴阳二气不交合，相背而行，万物生养不得畅通，这种情况称为否。否卦象征着闭塞不通。前面一卦是泰卦，泰卦亨通了，太平了，由于达到极点，所以物极必反，出现了否卦。

　　解释这一卦辞的《象传》说，这种情况表明天地不交合，万物不畅通。国家的君臣无交感，天下不会安定。小人得宠于内，君子被疏远于外；这是小人之道增长、君子之道消亡的征象。

当时占卜多是国家大事，内柔外刚的本义当是国家政事，只是后来该成语演变为特指个人性格。

—— 延 伸 拓 展 ——

周恩来总理内柔外刚地回答挑衅的记者的提问。

一位美国记者在采访周总理的过程中，无意中看到总理桌子上有一支美国产的派克钢笔。那记者便以带有几分讥讽的口吻问道："请问总理阁下，你们堂堂的中国人，为什么还要用我们美国产的钢笔呢？"

周总理听后，风趣地说："谈起这支钢笔，说来话长，这是一位朝鲜朋友的抗美战利品，作为礼物赠送给我的。我无功受禄，就拒收。朝鲜朋友说，留下做个纪念吧。我觉得有意义，就留下了这支贵国的钢笔。"美国记者一听，顿时哑口无言。

这位记者的本意是想挖苦周总理：你们中国人怎么连好一点的钢笔都不能生产，还要从我们美国进口。结果周总理说这是朝鲜战场的战利品，柔中带刚的回答，反而使这位记者丢尽颜面。

> 否卦表达的是一个不好的社会环境，是小人得势、君子失势的时代，人道不能，天下无利。这种时候，人们应从否卦中得到启示，收藏自己的美德归隐保全，不可追求荣耀与富贵。如果不识时务，要么同流合污，要么招来灾祸。

否 pǐ
极 jí
泰 tài
来 lái

　　这一成语来自《易经》否卦和泰卦两个卦。该成语的意思是，闭塞到极点，则转向通泰。指坏运到了头，好运就来了。

　　否、泰两卦卦象：

否卦　　　　　泰卦

　　否卦，坤在下，乾在上，阳气上升，阴气下降，天地阴阳二气不交合，万物生养不得畅通，为否。

　　泰卦，乾在下，坤在上，与否卦正好相反，天地相交，万物亨通。

　　否卦最上爻（第六爻）爻辞：上九，倾否，先否后喜。象曰：否终则倾，何可长也。意

思是，小人之道倾覆，先闭塞后欢喜。解释该爻的《象传》说：小人之道到了终极社会倾覆，怎么会长久呢？倾否，便是将否倒过来，正好又回到了泰卦，这就是否极泰来。

---延伸拓展---

《淮南子》中记载了一个塞翁失马的故事。

有位擅长推测吉凶掌握术数的老者居住在靠近边塞的地方，人们称他为"塞翁"。

一次，他的马无缘无故跑到了胡人的住地。人们都为此来宽慰他。塞翁却说："这怎么就不是一种福气呢？"

过了几个月，那匹失马带着胡人的许多匹良驹回来了。人们又都前来祝贺他。塞翁又说："这怎么就不是一种灾祸呢？"

塞翁的家中有了很多好马，他的儿子爱好骑马，结果从马上掉下来摔断了腿。人们都前来慰问他。塞翁说："这怎么就不是一件好事呢？"

过了一年，胡人大举入侵边塞，健壮男子都被征兵去作战。边塞附近的人，死亡众多。唯有塞翁的儿子因为腿瘸的缘故免于征战，父子俩一同保全了性命。

这一成语从否泰两卦互变而来，它告诉人们一个道理：物极必反。任何事物的发展不是一成不变，而是时刻都在变化着的。坏的事物向好的方向转变，同样好的事物向坏的方向变化。红军长征正是遵循这一辩证规律，树立了坚定的信念，经过努力使否向泰转化，从艰难走向胜利。

类 lèi 族 zú 辨 biàn 物 wù

这一成语来自《易经》同人卦。孔子解释该卦卦辞的《象传》说：天与火，同人；君子以类族辨物。

类族，就是求同，在复杂的事物中找出相同点；辨物，就是存异，在相同的基础上保留着特有的差异。

同人卦卦象：

上乾
下离

同人卦，下面是离卦，离代表火，上面是乾卦，乾代表天，火光上升，即天、火相互亲和，为同人。象征和同于人，天下为公。有大家同心同德、团结一心之意。前一卦是否卦，经历了大的磨难之后，人们开始懂得团结的力量，所以否卦接下来便是同人卦。

天底下生起一堆火。大家聚集在一堆篝火旁取暖，烧烤食物，商量部族大事，这是远古人们生活的写照。虽然条件艰苦，但大家聚在一起，同心同德，其乐融融，这便是同人卦的内涵。

───────── 延伸拓展 ─────────

战国时，齐国的孟尝君田文食客三千，各有异技，其中一些鸡鸣狗盗之徒，在关键时刻帮他转危为安。他便是一个运用同人精神，达到了将各种人才为我所用境界的人。

他出使秦国时，被秦昭王拘留，并计划杀他。孟尝君的一个食客装狗从狗洞钻进秦宫，偷出狐白裘，献给秦昭王宠姜说服秦王放了孟尝君。获释后，孟尝君急忙离开秦国都城，准备潜逃出境，但醒悟过来的秦昭王又令兵追杀。孟尝君一行半夜来到函谷关，但关法规定"鸡鸣才出客"。如果等到天亮开关，追兵就会赶到，孟尝君一行，只有束手就擒。危急时刻，君臣一心，群策群力，思筹出关良策。一个平时居于下座的食客生出一计，学鸡叫，结果众鸡齐鸣，关吏开关放行。等追兵赶到，孟尝君一行已经出关东去，追兵只好返回。

和，是同人卦的象征，也是古人处理各种关系的最高境界。孟尝君和他的随从食客访秦时，目标一致，搭配得当，各展其能，将小异与大同有机地结合起来，最终化险为夷。正如晏婴所说的"和而不同"。同中有异，如作羹时，将水、火、醋、盐、梅等结合起，从而做成可口的美味。

háo
号

táo
啕

dà
大

kū
哭

这一成语来自《易经》同人卦第五爻。爻辞说：九五，同人，先号啕而后笑，大师克相遇。

号啕，也作嚎啕；克，战胜。哭，甲骨文 ，两个口表示呼喊不停，双手向苍天申冤或求救。

成语号啕大哭，形容放声大哭。

同人卦第五爻：

☰ 上乾

　　下离

该爻爻辞的意思是，九五，与众人聚合，先大哭，后破涕为笑，军队胜利会师。解释该爻的《象传》说：与众人聚合，先大哭后大笑，是因为身居中位德行端正。军队胜利会师，是因为战胜了强大的敌人。

—— 延伸拓展 ——

卫懿公好鹤失国，讲的就是一个号啕大哭的故事。

卫懿公喜欢养鹤，不理国政，还将喜爱的鹤封为将军，引起全国军民的反对。公元前660年，当北狄攻打卫国时，卫懿公却难以召集起军队予以抵抗。因为人们纷纷说，国君平时那么宠爱鹤，这时为什么不让鹤将军去迎击强敌。结果临时拼凑起来的卫军大败，宁死不屈的卫懿公被砍成了肉泥。狄兵乘胜追击，长驱直入，如入无人之境，百姓奔走落后者，悉被狄国追兵杀戮。一时间，卫国上下，黄河西岸，尸横遍野，血流成河，哀声撼地，哭声震天。卫国的国都也被彻底摧毁。

后来，已是诸侯霸主的齐桓公派出军队为卫国迎立了新国君，还送去了木材砖料，帮助卫国建起了新的国都，人们才转忧为喜。

这一卦爻告诉人们只有同心同德、团结一致才能变哭为笑的道理。人心齐，泰山移。困难的境地，会给人们带来痛苦和烦恼，但只要大家团结一心，没有克服不了的困难，终会取得胜利。例如，经过八年的抗日战争，中国人民终于赢得了胜利，人民无不欢欣鼓舞。

抑恶扬善

yì è yáng shàn

　　这一成语来自《易经》大有卦。孔子解释该卦卦辞的《象传》说：火在天上，大有；君子以遏恶扬善，顺天休命。

　　有，金文 🐾，像手持着肉，后引申为获得。遏，阻止；扬，倡导；休，美。

　　成语抑恶扬善，是指革除邪恶，发扬美好与正义。

　　大有卦卦象：

　　　　　　　　上离
　　　　　　　　下乾

　　大有卦，下面是乾卦，乾代表天，上面是离卦，离代表火，火焰高悬天上，即太阳当空照耀，大地五谷丰登，大获所有。大有卦象征大获所有。前面一卦为同人卦，众人同心同德，自然会大有收获。

　　该卦卦辞：大有，元亨。象曰：火在天上，大有；君子以遏恶扬善，顺天休命。卦辞的意思是，大有，极为亨通。解释该卦卦辞的《象传》说：火在天上，是大有的象征。君子当据此要遏

止邪恶，倡导善行，顺从上天美好的旨意。

————延伸拓展————

　　唐朝武则天当政之时，汴州有个恶霸，和武则天儿子重名，也叫李宏。这个李宏凶悖无赖，狠戾不仁。

　　李宏经常骑着高头大马，游荡于作坊商店，通过伪装恫吓的办法骗取各种钱财，动不动就叫人交他数百贯钱。他强行借买卖人的钱数以万计，竟然没有一分偿还的，各商行组织更是对他又恨又怕。

　　武则天任命任正理为汴州刺史。任正理到了汴州后，就有人反映李宏的黑恶行为。他上任十几天，便派手下的小吏捉拿李宏，问明案情后，判杖刑六十。最终，李宏被乱棍打死。恶势力一除，人们又可以过安宁的生活，汴州工商界人士喜大普奔，饮酒欢庆，像财神爷光临自家一样快乐。

　　大有卦告诫人们，作为正直的人在众人拾柴火焰高的形势下，要始终保持清醒的头脑，不能与恶势力同流合污。要遵循天道，弘扬善良与正义，发挥自强不息的精神，团结大多数人一起推动社会的进步。

<ruby>谦<rt>qiān</rt></ruby><ruby>谦<rt>qiān</rt></ruby><ruby>君<rt>jūn</rt></ruby><ruby>子<rt>zǐ</rt></ruby>

45

这一成语来自《易经》谦卦第一爻。爻辞说：初六，谦谦君子，用涉大川，吉。象曰：谦谦君子，卑以自牧也。

谦谦，谦而又谦；牧，守。

成语谦谦君子，指谦虚并严格要求自己的人。

谦卦卦象：

 上坤

下艮

谦卦，下面是艮卦，艮代表山，上面是坤卦，坤代表地，地下有山，高的山处于地的下方，内高外卑，居高不傲，这是谦卦的卦象。解释该卦卦辞的《象传》说：君子观此卦象，以谦让为怀，裁取多余的，增益缺乏的，衡量财物的多寡而公平施予。

谦，篆文 ，是言，说，是兼，即"歉"，内疚，对自身的失误或不完善表示愧歉不安。

该卦第一爻的意思是，谦而又谦的君子，可以担当涉越大河的重任，吉祥。解释该爻的《象传》说：谦而又谦的君子之所以会吉祥，是因为他能够心怀谦卑地管理好自己。初六处于谦卦的最下方，所以他是最谦虚的人，这样的人什么困难都不怕。

---延伸拓展---

柳公权拜无手翁为师，谦虚学习终成大书法家。

柳公权少年时，爱好书法，他觉得自己字练得不错了，很快就会成为天下第一。

一天，一老翁看了他写的字，说你写的是什么，没有筋骨，京城里有人用脚都比你写得好。第二天，柳公权便去了京城。在树下，果然看到一个老人用脚在写字，刚劲有力，龙飞凤舞。柳公权十分惭愧，跪下拜师。老人慌忙放下脚中的笔，对柳公权说："我是个孤苦的人，生来没手，只得靠脚混生活，怎么能为人师表呢？"

柳公权苦苦哀求，老人才在地上铺了一张纸，用右脚写下几个字："写尽八缸水，砚染涝池黑；博取百家长，始得龙凤飞。"

柳公权把老人的话牢记在心，从此发奋练字，手上磨起了厚厚的茧子，衣服衣肘处补了一层又一层。经过苦练，柳公权终于成为著名的书法家。

谦卦的这一爻告诉人们，谦虚是人类进步的重要美德。毛泽东曾说过："谦虚使人进步，骄傲使人落后。"只要我们始终保持清醒的头脑，谦虚谨慎地对待自己的言行并及时进行反省，自然不会犯大的过错，其结果必然是吉祥幸福。

shùn
顺

xìng
性

ér
而

dòng
动

这一成语来自《易经》豫卦。孔子解释该卦卦辞的《彖传》说：天地以顺动，故日月不过，而四时不忒；圣人以顺动，则刑罚清而民服，豫之时义大矣哉！

顺，甲骨文 　，像是人在河边观水之流，心情舒畅。过，失其度；忒，差错；清，清明；时义：内在意义。

成语顺性而动，指顺应万物之性而行动。

豫卦卦象：

上震

下坤

豫卦，下面是坤卦，坤代表地，上面是震卦，震代表雷，雷生于地，预示着春天来临，大地震动，春意盎然，喜悦愉快。豫卦象征着喜悦，欢乐。前面是谦卦，有了谦虚之德，必然可以享受喜悦，所以谦卦之后是豫卦。

豫，篆文 　，　是予，进入，通过；　是大象通过，意为大象从容缓慢地踱步。引申为快乐，安定，安逸。

孔子在解释这一卦时说：天地顺性而动，所以日月的运行没有失误，四时的变化没有差错；圣人顺性而动，所以刑罚清明而百姓顺从。

延伸拓展

柳宗元写的《郭橐驼种树》讲的就是顺性而为的道理。

郭橐驼以种树为职业，凡是长安城里经营园林游览和做水果买卖的富人，都争着把他接到家里奉养。观察橐驼种的树，有的是移植来的，也没有不成活的；而且这些树长得高大茂盛，结的果实早而且多。其他种树的人即使暗中观察、羡慕效仿，也没有谁能比得上。

有人问他种树种得好的原因，他回答说："我郭橐驼不是能够使树木活得长久而且长得很快的人，只不过能够顺应树木的天性，来实现其自身的习性罢了。但凡种树的方法，它的树根要舒展，它的培土要平均，它根下的土要用原来培育树苗的土，捣土要结实。已经这样做了，就不要再动，不要再忧虑它，离开它不再回顾。栽种时要像对待子女一样细心，栽好后要像丢弃它一样放在一边，那么树木的天性就得以保全，它的习性就得以实现。别的种树人却不是这样，树根拳曲又换了生土；培土的时候，不是过多就是过少。早晨去看了，晚上又去摸摸。更严重的，甚至用指甲划破树皮来观察它是活着还是枯死了，摇晃树根来看它是否栽结实了，这样树木的天性就一天天远去了。虽然说是喜爱它，这实际上却是害了它；虽说是担心它，实际上却是仇视它。所以他们都不如我。"

柳宗元还从中引出了治理民众也要顺其天性，不要过多的人为干预。

豫卦告诉我们一个道理，凡事要顺性而动，不可逆性而动。因为世间万物都有自己的天性，这是老天赋予的，不是人的意志所附加的。鱼的天性是游，鸟的天性是飞。顺应这些天性，万物都会自由苗壮地成长。正如柳宗元在《郭橐驼种树》中所说的，顺应树木的天性，来实现其自身的习性。

随 suí
时 shí
变 biàn
通 tōng

　　这一成语来自《易经》随卦。孔子解释该卦卦辞的《彖传》说：随，刚来而下柔，动而说，随。大亨贞，无咎，而天下随时。随之时义大矣哉！

　　随，篆文 ，是追寻堕崖者，引申为跟从，依顺。说，通"悦"。

　　由此引申出的成语随时变通，指随着时势变化而行动。

　　随卦卦象：

上兑

下震

　　随卦，下面是震卦，震代表雷，上面是兑卦，兑代表泽，雷震于泽中，泽随震而动，该卦象征追随、随从、随顺。前面的豫卦表示和平盛世给人们带来喜悦，所以接下来是人民拥护君主、跟随君主的随卦。

　　所以，孔子说：随卦，刚健而居于阴柔之下，健动而又喜悦，所以谓之随。大亨通而守正，没有灾难，于是天下万事万物随从时宜而变通行动。

战国时期赵武灵王的胡服骑射就是军事和政治文化的一次随时变通的实践。

赵国当时不仅面临中原诸侯的征战与吞并，还面临着北面少数民族胡人的侵扰。在马背上生活的胡人，已经掌握了精湛的骑射技能，作战时行动轻捷便利，应该说形成了当时最先进的作战方式。而赵国当时还沿用春秋时以战车为主的落后作战方式，几次交锋都以失败告终。于是赵武灵王痛定思痛，决定跟上时代步伐，改革笨重的战车和迟缓的步兵，实行"胡服骑射"。他请来胡人的骑兵当赵国骑兵的教官，将胡人的服装直接加以复制穿在赵国骑兵的身上。在北方草原地区大量饲养战马，学习胡人马上作战的战术。

孔子曾说过没有管仲我们早就穿戎狄的服装了，穿胡人服装这是中原人难以接受的，自然在赵国的上层也遇到了极大的阻力。赵武灵王不为所动，劝说反对派领袖公子成，让他和自己一起穿上短衣紧袖的胡服上朝，从而自上而下地推广了"胡服骑射"。

赵国很快训练出一支强大的骑兵部队，同时收编了北方游牧民族林胡和楼烦的骑兵，战斗力得到增强，一跃成为战国时代仅次于秦国的强国。

随卦提醒人们要与时俱进，顺时而行动。对于为政者更为重要，要根据时代的发展，随时调整治国方略。改革开放就是我们国家利国利民的重大战略决策，人民群众顺应时代步伐，积极投身于这一历史洪流，从而享受到了时代发展带来的实惠。

终
zhōng

极
jí

必
bì

始
shī

这一成语来自《易经》蛊卦。孔子解释该卦卦辞的《彖传》说：先甲三日，后甲三日，终则有始，天行也。

甲，古代记日的第一个符号。其下依次为：乙、丙、丁、戊、巳、庚、辛、壬、癸。甲前三日为辛日，甲后三日为丁日。有解释为处理事情向前考虑其形成原因，向后考虑事态的发展，采取正确的方法。

由此引申出的成语终极必始，指有终结就会有新的开始。

蛊卦卦象：

上艮

下巽

蛊卦，下面是巽卦，巽代表风，上面是艮卦，艮代表山，山下有风，风遇山而回，则万物散乱，为有事之象。蛊者，事也，惑也。蛊卦象征过失、腐败。

蛊，甲骨文 ，像被养在器皿中的有毒虫蛇。

前面的随卦讲社会十分富足，正是因为富足，人们开始更多地追求享乐，于是便暴露出腐败与淫邪的危害，这种危害开始不容易发现，就像毒虫蛊惑人心，害处相当大。所以随卦后面是蛊卦。

————— 延伸拓展 —————

据说古代有一种巫术，相传在农历五月五日，制蛊者采集大量虫蛇，将它们长期置于封闭、没有食物的器皿之中，迫使它们相互蚕食，培养其厌氧性和噬血性，将百虫相残到最后的毒虫，通过饮食手段让毒虫进入受害者体内，吸血噬肉，使受害者万分痛苦，乃至死亡。

根据蛊卦的卦象，上面是山，下面是风，风在山下刮。古人观察到，风可以吹走沙尘，人们开始未察觉风对大山的威胁，可是经过许多年后，一座山没有了，被风分解吹走了。但天理有常，乱极必治，所以终而复始是天体运行的法则。

　　蛊卦告诉人们，事物有终结，就会有开始，一个事物终结，则意味着另一个事物的开始。这是事物变化周而复始的规律。正是俗话说的："十年河东，十年河西""此一时，彼一时"。繁荣之后，腐败会滋生出来，腐败进一步发展，就会走向衰落；衰落中通过自强不息的努力，又会迎来新的繁荣。

居 jū 高 gāo 临 lín 下 xià

这一成语来自《易经》临卦。孔子解释该卦卦辞的《象传》说：泽上有地，临；君子以教思无穷，容保民无疆。

容保民：包容民众，保护民众。

成语居高临下，指占据高处，俯视下面。形容占据的地势非常有利。

临卦卦象：

上坤

下兑

临卦，下面是兑卦，兑代表泽，上面是坤卦，坤代表地，泽上有地，泽卑地高，以高监下，为临。临卦象征君临、临视、监察。含有由上视下，以尊临卑之义。

临，金文 ，像一个人在俯视察看天上滴下的雨水，表示人俯首察看。

前面蛊卦讲如何除去盛世中的淫邪与腐败，但这还不够，君王要经常巡视社会动向，以防患于未然，所以蛊卦接下来是临卦。

　　该卦卦辞：临，元亨，利贞。至于八月有凶。解释该卦卦辞的《象传》说：泽上有大地，以高临下这是临卦的象征。君子应从中得到启示，居高临下，教化民众，以广阔的胸怀包容民众。

延 伸 拓 展

　　范仲淹应滕子京之约为他重修岳阳楼撰写了千古名篇《岳阳楼记》，文中响亮地提出"居庙堂之高则忧其民，处江湖之远则忧其君"，并留下了令人叫绝的"先天下之忧而忧，后天下之乐而乐"。

　　他不仅倡导而且努力践行临卦的精神，身居高位者，要时刻不忘下层民众，经常察看民间的疾苦，倾听人民群众的呼声，关心他们的需求，做到亲民爱民。

　　他47岁那年7月，天下大旱，蝗灾蔓延，江淮和京东一带灾情尤其严重。为了安定民心，范仲淹奏请朝廷派人视察灾情，开始仁宗不予理会。范仲淹便反问仁宗："如果宫中停食半日，陛下该当如何？"仁宗幡然醒悟，派范仲淹安抚灾民。范仲淹应诏赈灾，开仓济民，并将灾民充饥的野草带回朝廷，以警示六宫贵戚戒除骄奢之风。

　　临卦提醒人们，身居高位者，要时刻不忘下层民众，经常察看民间的疾苦，倾听人民群众的呼声，关心他们的需求，做到亲民爱民。正如范仲淹所说"居庙堂之高则忧其民"，做到"先天下之忧而忧，后天下之乐而乐"。

shén
神
dào
道
shè
设
jiào
教

这一成语来自《易经》观卦。孔子解释该卦卦辞的《彖传》说：天之神道，而四时不忒，圣人以神道设教，而天下服矣。

神，金文 ，表示古人祭拜发出闪电的天公，因为它是万物的主宰。忒，指差。

成语神道设教，意思是以敬神之道教化百姓。

观卦卦象：

上巽
下坤

观卦，下面是坤卦，坤代表地，上面是巽卦，巽代表风，风行地上，万物广受感化。观卦象征观看、观仰、考察之意。

观，甲骨文 ，像一只大鸟瞪大锐利的眼睛警觉地察看。

观卦与前面的临卦都有看的意思，而临卦是关注百姓，发现问题解决问题；观卦则侧重探索未知，掌握规律。

孔子解释该卦卦辞的《彖传》说：宏大可观者在上，温顺而谦逊，以公正中和之道观察天下，所以谓之观。以酒灌地迎神，还未奉献牺牲，就已经充满庄严肃穆了，是说下面观礼者受到了感化。观察自然的阴阳之道，可知四季的运行没有差错。圣人效法自然尊敬神灵之道设教化民，天下的百姓就会服从。

—◦ 延 伸 拓 展 ◦—

楚王爱细腰宫中多饿死，就是上行下效的典型故事。

《战国策》中的《威王问于莫敖子华》篇记录了楚威王和大臣莫敖子华的一段对话。楚威王听了莫敖子华对过去五位楚国名臣光辉事迹的介绍，羡慕不已，慨叹道，"当今人材断层，哪里能找得到这样的杰出人物呢"。

于是莫敖子华讲了如下的故事：楚灵王喜欢读书人有纤细的腰身，楚国的士大夫们为了细腰，大家每天都只吃一顿饭，所以，饿得头昏眼花，站都站不起来。坐在席子上的人要站起来，非要扶着墙壁不可，坐在马车上的人要站起来，一定要借力于车轼。谁都想吃美味的食物，但人们都忍住了不吃，为了腰身纤细，即使饿死了也心甘情愿。我又听说，君王好射箭的，那他的臣子都佩戴扳指和臂衣。大王一直没有特别的爱好，如果大王真心诚意喜欢贤人，引导大家都争当贤人，楚国不难再出现像五位前贤一样的能臣。

成语神道设教体现了观卦的精髓，下观上而行。领导刮什么风，下必跟从。要改变一个社会的风气，必须从上面做起。正如苏东坡说的，"立法禁自大臣始"。

明罚敕法

míng fá chì fǎ

　　这一成语来自《易经》噬嗑（shì kē）卦。孔子解释该卦卦辞的《象传》说：雷电噬嗑，先王以明罚敕法。

　　噬，以齿咬物。嗑，篆文 🀲，嘴里的上下齿像器皿扣合。噬嗑即上下门齿相扣，咬破有壳的或硬的东西。敕，通饬，有整治、整饬的意思。

　　成语明罚敕法，指严明刑罚，整顿法令。

　　噬嗑卦卦象：

 上离

下震

　　噬嗑卦，下面是震卦，震代表雷，上面是离卦，离代表电，雷动而生威，电动而生明，用刑之道，威明相济。雷电咬合为噬嗑。该卦象有合着嘴嚼东西的形象，引申为刑狱问题。

　　前面的临与观两卦都有察看的意思，对情况充分了解后，便要奖罚分明，对不法分子就

要严厉打击，以维护社会秩序，所以接下来便是噬嗑卦。因此，《象传》在解释这一卦时说：雷和电，是噬嗑的象征。君子据此要严明刑法，饬正法令。

───✿ 延伸拓展 ✿───

　　清朝有一个于成龙被称为一代廉吏，曾任罗城县令。罗城百废待举，首要在于安定社会，恢复生产。于是，于成龙采取"治乱世，用重典"的方法，首先在城乡建立保甲，严惩缉拿的案犯，大张声势地"严禁盗贼"。境内初安后，他又召集乡民练兵，甘冒"未奉邻而专征，功成也互不赦之条"的后果，抱着为民而死甚于瘴疠而死的决心，准备讨伐经常扰害的"柳城西乡贼"。在强大的声势下，西乡"渠魁府首乞恩讲和，抢掳男女中只尽行退还"。接着于成龙又在全县搞联防，从此，"邻盗"再不敢犯境。在消除内忧外患的同时，于成龙十分注意招募流民以恢复生产，他常常深入田间访问农事，奖勤劝惰。农闲时他带领百姓修民宅、建学校、筑城墙。在深得民心之后，他又以刚柔并用的斗争策略，解决了"数大姓负势不下"的问题，使这些一向桀骜不驯的地方豪强"皆奉法唯谨"。三年之间，就使罗城摆脱混乱，得到治理，出现了百姓安居乐业的新气象。

　　噬嗑卦告诉人们，社会安宁既要靠以德治国，同时也要依法治国。而依法治国除了明示法令外，还要明察是非曲直，正确使用法律，才能使民众心服口服，从而形成经济稳定发展、社会和蔼安宁的局面。

化 huà
成 chéng
天 tiān
下 xià

这一成语来自《易经》贲卦。孔子解释该卦卦辞的《彖传》说：刚柔交错，天文也；文明以止，人文也。观乎天文，以察时变；观乎人文，以化成天下。

成语化成天下，指用文明教化天下的百姓。

贲卦卦象：

上艮

下离

贲卦，下面是离卦，离代表火，上面是艮卦，艮代表山，山下有火，火焰燃烧，山形焕彩。贲卦象征修饰与装饰。

贲字的本义也是装饰、打扮。从该字结构上分析，贲字由"卉"与"贝"组成，花草与贝壳都是古人的装饰品。

前卦噬嗑卦讲对犯罪的严厉打击，使社会安宁，经济发展，生活提高，人们对修饰有了追求，因此噬嗑卦后是贲卦。

孔子解释该卦辞的《彖传》说：贲卦亨通，柔爻来文饰刚爻，所以亨通。分出刚爻到上边去文饰柔爻，所以只有小的行动。阴阳相错这是天象的特征，用文教礼制来约束人们的行为，这就是人类文明的特点。所以观看天象以考察四时的变化；观看人文礼教以教化天下百姓。

延伸拓展

尧帝将帝位禅让给了舜。舜正式登上帝位后征求四岳对治理国家的意见。四岳向他建议，民富足后，教化兴。在任命百官时，舜特别注意任命对民众进行教化的长官。

他选择了夔，是因为夔精通典乐。舜知道典乐对人教化的作用，不能掉以轻心。他便对夔说："养人性情，莫大于乐。当今的太子和公卿的嫡子们，未来是治国理政的栋梁，不能放松对他们的教育。夔，现在我任命你为掌乐之官，要认真教育这些孩子，时常用乐来教习他们，以帮助他们修身养性。让他们做到正直而温和，宽厚而庄重，刚正而不暴虐，简略而不傲慢。乐是根据人心变化而产生的，凡外物有感于心，心有所向，必形于言词而为诗，诗的功能是表达人的志趣。用这些诗来歌咏，便有了长短不同的节奏。这种悦耳的节奏，使歌能够吟诵流传。"

舜对乐的理解深刻，使夔倍感肩上的责任重大，他赞成舜的乐能使人神相通的观点，并以自己的奏乐实践对舜说："八音之中唯石的声乐最难谐和。我曾对最大的石磬进行重击使之发出低越的声音，又对小石磬进行敲打，发出了悠扬之声，依序进行都相和谐。这种声音，百兽听后都纷纷前来，尽情地跳舞。这足以证明音乐真能感天动地。"

夔没有辜负舜的重托，将对民众的教化搞得有声有色，社会有序、风气淳厚。

贲卦告诉人们，修饰是为了更好地表达思想，文化就像太阳从地平线上升起，以其灿烂的光芒普照百姓，使世界从黑暗走向光明。恰当的修饰讲究教化的技巧可以让人们心悦诚服地接受正确的道德观念和行为准则，从愚昧走向文明。

硕
shuò

果
guǒ

仅
jǐn

存
cún

这一成语来自《易经》剥卦第六爻。爻辞说：上九，硕果不食，君子得舆，小人剥庐。

硕，金文 ，表示巨大的石雕头像。食，蚀。

成语硕果仅存是从硕果不食引申出来的，指留存下来仅有的人或事物。

剥卦卦象：

上艮

下坤

剥卦，下面是坤卦，坤代表地，上面是艮卦，艮代表山，山在地上，烈日暴晒，风雨剥蚀，这是剥卦的卦象。君子观此卦象，以山石剥落，岩角崩塌为戒，从而厚结民心，使人民安居乐业。

剥，甲骨文 ，最初表示极度残忍的酷刑，将活人倒吊，将人皮活活揭下，引申为剥蚀。经过贲卦的文饰，通过到了尽头，就会受到剥蚀，所以随后便是剥卦。

此卦第六爻爻辞是，不将硕果据为己有，从而得到百姓拥戴。小人贪得无厌，最后遭到覆巢之灾。解释这一爻辞的《象传》说：君子得车，说明得到人民的拥护。小人遭到覆巢之灾，是说明小人最终不可任用。

延 伸 拓 展

曾经与大汉帝国并列于世的罗马帝国，就是被一点点地剥蚀而垮掉的。

早期的罗马人"健康、纯朴、高尚"，富有爱国心和荣誉感，具有强烈的民族精神和尚武精神。美德和荣誉是罗马共和国的宗旨，有抱负的公民都竭尽全力以求无愧于一次胜利所带来的庄严的荣誉。这种传统美德和道德精神使人人争先为国效力，这是罗马之所以能够历经严峻考验并崛起为大帝国的根本原因。

巍然的帝国在和平之风的吹拂下，开始变质，腐败的蚊虫在一口口吞食帝国的大厦。罗马帝国后期，官僚贵族腐败堕落、挥金如土，终日沉湎于声色淫乐和纸醉金迷中。他们大兴土木，建筑别墅，不惜把大片肥美的良田改为猎场以供消遣。为了满足其骄奢淫逸的生活，官僚贵族不断加大对下层群众的剥夺。罗马官吏用贪污、罗马地主用地租达到其聚敛财富的目的，没有一个力量能够遏制罗马贵族、官僚和地主要过奢侈生活的欲望。挥金如土的消遣娱乐活动规模越来越大、次数越来越多。罗马全年假日公元 1 世纪时为 66 天，4 世纪时竟达到 175 天，罗马人以近半年的时间沉湎于观看奴隶角斗、斗兽、海战、戏剧等表演，其靡费之大极为惊人。

奢侈之风销蚀了罗马人的传统道德的同时，它也扼杀了自由、团结、爱心和创造力。官员争相贪腐，农民不愿种田，播种时故意乱播。皇帝高薪养着军队，士兵都戴上金戒指以满足他们的虚荣心，让他们带着妻子安闲地住在军营中，过着舒适生活。

耽于享乐的腐败使罗马军队军纪松弛、战斗力下降，彻底失去了昔日的风采，当外族一来，便土崩瓦解。

剥卦告诉人们，任何一个社会都会有引诱万千。在面对众多诱惑时，一个正直的人，应该始终保持清醒的头脑，洁身自好，不为所动，才能永远立于不败之地。像陈毅同志说的：手莫伸，伸手必被捉。记住这一警告，便会拒腐蚀永不沾。

闭关锁国

bì
guān
suǒ
guó

这一成语来自《易经》复卦。孔子解释该卦卦辞的《象传》说：先王以至日闭关，商旅不行，后不省方。

至日，冬至之日；闭关，关闭城门。后，君主；省方，视察邦国。

成语闭关锁国，本义是遵从天道休养生息，复成万物。后演绎成闭关自守，不与外国来往。

复卦卦象：

上坤

下震

复卦，下面是震卦，震代表雷，上面是坤卦，坤代表地，雷性动，地性顺，震雷在地上微动，阳动上复而能顺行。复为归本，故复象征回复、复归，有一阳复来之意。

复，甲骨文 ，上面像城邑两头各有出口，下面是一只脚，表示往返城门。

前面的剥卦是群阴剥去了阳爻，接下来便开始一阳复生，所以剥卦接下来便是复卦。孔子在《序卦传》中说："物不可以终尽，剥穷上反下，故受之以复也。"

解释该卦卦辞的《象传》说：雷在地中，是复卦的象征。冬至之日，一阳复生，此日阳气微弱，王者承天理物，封闭关卡，商旅不得通行，君主也不巡视各地，以扶助微气，成就万物。

———— 延伸拓展 ————

起初，古代的冬日封关，是为遵循自然规律秋收冬藏，让人们休息，储蓄力量准备新的一年投入新的劳作。

可是到了后来，当政者背离了古人封关的本意，在对外交往和贸易中也实行了封关。最典型的是清代的闭关自守。尽管初期有一定打击走私、稳定沿海形势、防范西方殖民侵略活动的积极意义，但长期推行负面影响极大。它阻碍了中外联系，影响了中国吸收其他民族文化和科学技术，致使中国与世界隔绝，严重地阻碍了资本主义的萌芽发展。使得中国和世界脱轨，慢慢地落后于世界。这样一来，中国文化上、经济上、科学上都无法和世界接轨，各种先进技术难以引进吸收，整体上呈现帝国黄昏现象，也是导致近代中国落后挨打的重要原因之一。

复卦告诉人们，古人讲的闭关锁国是遵循天地反复之道，以休养生息，复成万物。如果违背了天地阴阳反复运动发展的规律，在国际交往日趋密切频繁的环境下，一味闭关锁国，只会给国家发展和百姓生活带来灾难。清朝由闭关锁国带来的落后与衰败就是很好的教训。

无 wú
妄 wàng
之 zhī
灾 zāi

　　这一成语来自《易经》无妄卦第三爻。爻辞说：六三，无妄之灾；或系之牛，行人之得，邑人之灾。

　　妄，金文 ，表示女人无知，在古代男权社会里认为女子无见识，常常出言无理无据。无妄，意想不到的。

　　成语无妄之灾，指意想不到地受到灾祸或损害。

　　无妄卦象：

　　　　　　　　　　　上乾
　　　　　　　　　　　下震

　　无妄卦，下面是震卦，震代表雷，上面是乾卦，乾代表天，天下雷行，天上响惊雷，万物不敢胡作非为，为无妄。无妄卦象征不妄为，合乎客观规律。同时，告诉人们肆意妄为必然带来灾难。

　　前面复卦讲的是阳气复生，阳气复生使阴气不再妄为了，所以复卦后面便是无妄卦。

　　无妄卦第三爻爻辞意思是，六三，不可预料的灾祸：某人所拴之牛为路人牵走，村里人

人因此遭殃。解释这一爻辞的《象传》说：路人牵走了牛，主人怀疑是村里人偷的，村里人无缘无故受到了冤枉。

延伸拓展

春秋时期的秦晋崤之战，秦军全军覆没。这是秦穆公一时贪婪妄为酿成的恶果。

秦穆公趁中原霸主晋文公刚死，认为是秦国东进的良机。听到在郑国帮助防卫的杞子报信说已经掌管了郑国北门的钥匙，如果派军队偷袭，必能灭亡郑国。贪婪的秦穆公此时失去了理智，贸然决定偷袭郑国，打开进军中原的大门。

老臣蹇叔城外哭师，坚决反对。大夫百里奚也不同意偷袭郑国。蹇叔说，劳师以远，从来就没有听说过。郑国如有防备，根本不可能取胜，何况千里偷袭无法保密，途中又有晋国把守的崤山天险，对秦军十分危险。

被欲望冲昏头脑的秦穆公不听劝告，执意派百里奚的儿子孟明视、蹇叔的儿子西乞术以及将军白乙丙统领 300 辆战车向郑国进发。

在滑国，秦军的行动被郑国的爱国商人弦高发现。弦高一面犒劳秦军，一面派人急报郑国国君。

准备做内应的杞子等人一见事情败露，赶紧逃走了。孟明视见郑国已经有了防备，只好撤军回国。

谁知，秦军在崤山天险遭到晋国军队突然袭击，导致全军覆没，孟明视、西乞术、白乙丙也成了晋国的俘虏。晋襄公的母亲是秦国的文嬴，在她的努力下，3 位将军才得以回国。

66

无妄卦告诉人们，做事情要遵循客观规律，不妄为便会吉祥。同时，不仅自己要遵顺正道，全社会都要遵顺正道，每一个人方能不会遇到灾祸。

辉 huī

光 guāng

日 rì

新 xīn

这一成语来自《易经》大畜卦。孔子解释该卦卦辞的《彖传》说：大畜，刚健笃实，辉光日新。

刚健笃实，刚强健动而又厚实冷静。新，甲骨文 ，是用斧头砍树木，引申为开辟性的、前所未有的。

成语辉光日新，常指一个人在道德、文学、艺术等方面日有新的长进。

大畜卦卦象：

上艮

下乾

大畜卦，下面是乾卦，乾代表天，上面是艮卦，艮代表山，天本来比山大，可山居然把天装起来了，可见积蓄有多大。大畜卦象征有大的积蓄。

前面的无妄卦说是人们的行动都不妄为，思想都不妄想，社会的财富就会得到大的积蓄，所以无妄卦后面是大畜卦。

《彖传》在解释这一卦的卦辞说：大畜，刚强健动而又厚实冷静，荣光相映而又日新不已。

宋代司马光是一位大政治家，也是一位大学问家。他的学问是一点一滴积累而来的。

小时候的司马光是个贪玩贪睡的孩子，为此他没少受先生的责罚和同伴的嘲笑。在先生的谆谆教诲下，他决心改掉贪睡的坏毛病，发愤读书，每天都有新的进步。为了早早起床，他睡觉前喝了满满一肚子水，结果早上没有被憋醒，却尿了床，于是聪明的司马光用圆木头做了一个"警枕"，早上一翻身，头滑落在床板上，自然惊醒，从此他天天早早地起床读书，坚持不懈，终于成了一个学识渊博、写出了《资治通鉴》的大文豪。

大畜卦给人们传递了这样一个道理，不要满足于已有的成绩，要不断涵养自己的道德和功业，才能厚积。正如毛泽东同志所说的"好好学习，天天向上"，努力进取，做到不断进步，日新月异。

大快朵颐

dà
kuài
duǒ
yí

这一成语来自《易经》颐卦第一爻。爻辞说：初九，舍尔灵龟，观我朵颐，凶。

舍，舍弃。灵龟，古人用龟甲占卜，故称灵龟。朵，指咀嚼。颐，篆文 𦣞，下巴或腮，指腮中有物，又引申为养。

成语大快朵颐，指咀嚼着鼓动着腮颊，即大吃大嚼，痛快大吃一顿。

颐卦卦象：

上艮

下震

颐卦，下面是震卦，震代表雷，上面是艮卦，艮代表山，山下有雷，雷动于下，山止于上，下动上止，如口嚼食物，供给营养。颐卦象征饮食颐养，也有谨慎言语的意思。

前面大畜卦讲人们的财物有了大的积蓄后，开始注重饮食和养生之道，所以大畜卦后便是颐卦。

大畜卦第一爻的爻辞说：扔下属于你的灵龟，只看我吃东西，凶险。解释这一爻辞的《象传》说：看我吃东西，这是不高尚的。

延伸拓展

老子很注意科学养生，他反对大吃大喝，提出“五味令人口爽”，是说丰腴的美食使人胃口败坏，不利于健康。

《论语》还记载了孔子的饮食之道。他主张饮食简朴，提出“食不厌精，脍不厌细”，是说吃饭不要过于追求精，食肉不要过于追求细。还从饮食卫生的角度提出了“十不”，即食物放的时间长了会有馊味，不吃。鱼肉放坏了，不吃。颜色不新鲜，不吃。烹调不当，不吃。不到季节的食物，不吃。刀切割的不正的肉，不吃。没有合适调料的肉，不吃。肉食虽多，吃的量不要超过主食。只有酒不限量，但不喝过量，不能失态。买来的酒和腊肉，或掺假或变质，不吃。常备姜食，但吃得不多。

成语大快朵颐正是从颐卦吃东西痛快的样子引申出来的。它告诉我们要遵循正确的养生之道。不要见别人吃什么，就眼馋。不要暴饮暴食，要注意科学地进食，掌握适合自己的养生规律，不能只图一时之快。

虎
hǔ
视
shì
眈
dān
眈
dān

这一成语来自《易经》颐卦的第四爻。爻辞说：六四，颠颐，吉。虎视眈眈，其欲逐逐，无咎。

虎，甲骨文 🐅，像张大口会吃人身上的有斑纹的山中兽王。眈眈，虎凶狠地注视；逐逐，不断追求。

成语虎视眈眈，指像老虎那样凶狠地盯着。形容心怀不善，伺机攫取。

颐卦第四爻：

☷ 上艮

下震

该爻辞的意思是，六四，求养于下，吉祥。像老虎一样盯着别人的衣食，想一下子扑过去抢夺，没有灾祸。解释该爻的《象传》说：求养于下的吉祥，是因为在上者施予了恩德。

　　清朝的和珅贪得无厌，是一个虎视眈眈的贪臣。和珅投乾隆皇帝所好，步步高升。有了皇帝的宠信和庇护，和珅身兼多职，位极人臣，基本上掌握了用人、理财、施刑、"抚夷"等方面的大权，他便肆无忌惮地揽权索贿。

　　和珅聚敛财富的主要方式是任用官员索取贿银。内而九卿，外而督抚司道，不向和珅纳银献宝，是很难当上官的。史称，乾隆皇帝最关注的黄河防洪工程投入巨大，自从和珅主政后，黄河的防汛不但没有起色反而渐趋松懈。和珅将河防变成了他聚财的平台，先交给和珅数以万计的银子，才能当上河防主官的官职。这样上来的官，根本无心防汛，只想从国库里掏银子，结果是到处决口，越防水患越重。

　　和珅聚敛财富之多，在历代文武大臣中首屈一指。档案记载，和珅还有取租之地1260余顷、取租之房1000余间，以及大量珠宝玉器衣服书籍等，数量之巨大，前所未有。至于私人的笔记和野史，更把抄没和珅的家产说得多得不得了，有的说有9亿两白银，相当于大清朝15年的国库收入。

　　乾隆皇帝驾崩后，嘉庆皇帝迅速扳倒了贪臣和珅，和珅被赐死于家中。

　　该爻辞提醒人们，一旦掌握了权力，要用权力涵养人民。权力取之于民，用之于民，便没有灾难。如果以权谋私，贪婪地攫取财富只为己用，则会时刻面临着灾难。

枯
kū
杨
yáng
生
shēng
稊
tí
（华）

这一成语来自《易经》大过卦第二爻。爻辞说：九二，枯杨生稊，老夫得其女妻，无不利。
枯，金文 栝，表示古老的树丧失生机自然衰萎。稊，杨树的嫩枝条。夫，男子；女，少女。
成语枯杨生稊，是说枯萎的杨树又长出了芽，指老夫娶了少妻。

大过卦卦象：

䷛ 　上兑
　　下巽

大过卦，下面是巽卦，巽代表木，上面是兑卦，兑代表泽，泽本润木，但泽在树上，为
大水淹没了树木，则为水过度了。大过卦象征大的过度，也含有过失的意思。

过，金文 徂，表示在时光流逝中走向死亡，身化枯骨，生命不再，引申为超越界线，行

为出格。

前面颐卦讲饮食文化，可人富裕后往往会过度追求享乐。如何避免这种现象，就需要人们的思想和行为有一个大的飞越，所以颐卦后面是大过卦。

第二爻爻辞的意思是，九二，枯槁的杨树生出新枝，老男人娶了年轻的妻子，没有什么不利。解释这一爻辞的《象传》说：老男人娶了年轻的妻子，是说阳刚太过之时要注意与柔者相配相济。同时，也体现了这一卦的一个重要意思，有过就改，便会有新的面貌。

———延伸拓展———

明朝的文贞公徐阶，有一次奉命到浙江的中部督学。

有一位秀才，在他文章的结语中，写了"颜苦孔之卓"，徐公就把这五个字涂掉，并且还在旁边批了"杜撰"两个字，把他的成绩列为四等，而且还要处罚他。秀才就向徐公禀告说："颜苦孔卓这句话，是出自扬子《法言》这本书中，并不是我杜撰出来的啊！"

徐公听了之后，知道自己冤枉了秀才，对秀才说："我只是侥幸，比你早些时候取得功名，而实际上，我并没有什么学问，所以才几乎犯下了责罚你的严重错误啊！"随即就把秀才的成绩，改列为一等。

当时的人，都很佩服徐公的雅量。后来徐公扳倒了大奸臣严嵩，官做到了大学士、首辅。

大过卦引申出来的成语启示人们，任何时候都不要放弃希望，只要努力坚持，总会有奇迹发生。正如李商隐的诗句："沉舟侧畔千帆过，病树前头万木春。"

灭
miè

顶
dǐng

之
zhī

灾
zāi

这一成语来自《易经》大过卦第六爻。爻辞说：上六，过涉灭顶，凶，无咎。
灭顶，水漫过头顶。
成语灭顶之灾从过涉灭顶引申而来，意思是被水淹死，指毁灭性的灾难。
大过卦第六爻：

 上兑

下巽

该爻处于大过卦最上爻，兑为泽，所以有过河之象。该爻爻辞的意思是，上六，过河，水深没过头顶，凶险，但不会有大灾难。解释爻辞的《象传》说：徒涉大河虽凶险，

不能算是灾难。

----◇◇ 延 伸 拓 展 ◇◇----

春秋时期晋国的智伯贪婪过了头，最后遭到了灭顶之灾。

春秋末期，周朝的统治分崩离析，各诸侯纷纷独立，割据一方。晋国的上卿智伯野心勃勃，贪得无厌，千方百计地想扩展自己的势力范围。他先联合韩、赵、魏三家攻打中行氏和范氏，强占了他们的土地。

过了几年，他强迫韩康子割让了一块有一万户人家的封地。接着，他又威逼魏桓子。魏桓子迫不得已，也只好割地求和。

获得了韩、魏的土地后，智伯得意忘形，以为天下所有人都害怕自己，便又要求赵襄子割让蔡和、皋狼这两个地方。赵襄子坚决不肯答应。智伯恼羞成怒，胁迫韩康子和魏桓子一同讨伐赵襄子，双方在晋阳对峙了三年，并修筑大坝引河水困住了晋阳城。

处境危险的赵襄子采纳谋士张孟的计策。一天晚上，张孟乘小船出城去说服韩康子和魏桓子与赵襄子联合，共同对付贪婪的智伯。

两天后的晚上，赵襄子、魏桓子和韩康子一起行动，除掉了守护大堤的士兵，然后挖开了护营大坝，咆哮的河水顿时涌入智伯的营中。智伯从梦中惊醒，企图涉水逃命，但很快被砍下了脑袋，他的军队也全部葬身大水之中。

什么事情过了度都会面临凶险，这是大过卦给我们的启示。一旦处于这种境地，退却是没有出路的，只有毫不畏惧，勇往直前，才能闯出险境，即使失败也是值得称道的壮举。红军在危急关头成功强渡大渡河，摆脱了危机，从而才能继续北上。

设 险 守 国

shè xiǎn shǒu guó

　　这一成语来自《易经》坎卦。孔子解释该卦卦辞的《彖传》说：天险不可以升也，地险山川丘陵也，王公设险以守其国。险之时用大矣哉！

　　险，金文 ，表示陡峭如剑的山峰，引申为地势崎岖的，难以安全通过的。

　　成语设险守国，指利用险阻守卫国家。

　　坎卦卦象：

上坎

下坎

　　坎卦，上下都是坎卦，坎代表水，特性会陷下去，水上加水，陷而再陷。坎卦象征险难。

　　坎，籀文 ，表示山野或地面上的陷坑，阻碍前行。

　　前面的大过卦讲过度、飞越，但事物不可能会永远顺利地通过，总会有坎坷阻挡，所以大过卦之后便是坎卦。这就是《序卦传》所说的："物不可以终过，故受之以坎。"

　　《彖传》在解释该卦卦辞中说：天险，是指高不可攀，地险是指山川丘陵，王公大人因此设置险要来保卫国家。坎险的合理利用是多么有价值啊！

———— 延 伸 拓 展 ————

三国时的"赤壁大战"，孙刘联军正是利用长江天险创造了中国军事史上以少胜多，以弱胜强的奇迹。

当时曹操统一了北方，挟天子以令诸侯，率大军直逼孙权与刘备。当时曹操号称水陆80万大军，而东吴负责指挥迎敌的周瑜只有3万人，刘备也只有几千人。凭借着长江天险，孙刘联军与曹操隔江对峙，准备决战。

面对力量悬殊的态势，周瑜与诸葛亮合谋出一计：火攻。因为江北曹操的军队多是北方兵，不习惯乘船作战，曹操下令将舰船首尾用铁链连接起来，这样人马在上面如走平地。但是，这样一来，却为火攻创造了条件。

于是，孙刘联军选取战船10艘，装上干荻和枯柴，在里边浇上油，外面裹上帷幕，上边插上旌旗。黄盖先派人送信给曹操，谎称打算投降。当时东南风正急，诸葛亮将10艘小船排在最前面，到江心时升起船帆，其余的船在后依次前进。曹操军中的官兵都走出营来站着观看，指着船，说黄盖来投降了。离曹军还有2里多远，那10艘船同时点火，火烈风猛，船像箭一样向前飞驶，把曹军战船全部烧光，火势还蔓延到曹军设在陆地上的营寨。顷刻间，浓烟烈火，遮天蔽日，曹军人马烧死和淹死的不计其数。曹操只好率残余人马败走华容道。

坎卦给人们有两点启示，一是对困难险阻不要畏惧，退缩是没有出路的，要越是艰险越向前。二是对险阻也要客观对待，努力化被动为主动，将险阻为我所用，成为御敌的有利屏障。

突
tū
如
rú
其
qí
来
lái

这一成语来自《易经》离卦第四爻。爻辞说：九四，突如其来如，焚如，死如，弃如。

突，甲骨文 𤝤 ，上面是个茅舍狗洞，下面是只狗，表示狗从狗洞里突然窜出，让人意外而来不及反应。

成语突如其来，指出乎意料地发生。

离卦卦象：

䷝ 　上离
　　下离

离卦，上下都是离卦，离代表火，火上加火，所以光明炫丽是离卦的卦象。

离，甲骨文 𩾃 ，上面是只小鸟，下面是网，表示鸟儿被网罩住，引申为分别、分开、遭遇。

该卦第四爻爻辞的意思是，灾难突然来临，焚烧房屋，人死亡，抛弃亲人逃命。解释这一爻辞的《象传》说：突如其来的灾难，是无法逃避的。

延伸拓展

齐桓公依附贤相管仲称霸，后依附开方、竖刁、易牙却惨死宫中，无人发丧。

齐桓公从莒国返都，获得齐国君位，不记"一箭之仇"，重用管仲。管仲建议齐桓公，在国内进行政治、经济、军事的一系列改革，增强了齐国的实力。对外，齐国举起尊王攘夷的大旗，在诸侯国中树立了威信。九合诸侯，一匡天下，齐桓公成为春秋时期第一个霸主。

管仲临终前，反复提醒齐桓公远离开方、竖刁、易牙三个小人。管仲认为开方是卫国公子，不继承君位，跑到齐国低三下四服侍他国国君，自己的父亲死都不归，怎能算为忠君。竖刁自己阉割生殖器进宫当宦官，连自己的身体都不爱惜，怎能爱其君。易牙杀了自己的儿子以满足桓公口欲，如此残忍怎能有爱心侍奉君王。

管仲死后，齐桓公开始将三人赶走。过了不久，齐桓公没有这些小人坐卧难安，又将三个人召回自己身边，并加以重用。很快，当齐桓公还沉醉在献媚与奉迎的快乐之中，灾祸突如其来地降临了。

他们三人趁齐桓公患病，各扶持一个公子争夺齐国国君的位置，使齐国大乱。开方背叛齐国，率众投降卫国。易牙和竖刁封闭宫门，将齐桓公软禁起来，与外界隔绝，在高墙下挖一个小洞，每天只给很少的饭和水。当齐桓公从一个宫女口中得知了真相，一代霸主，羞愧而死。历史记载，齐桓公死后，竟无人知道，九个月后才下葬。

离卦告诉人们，离开了人间正道去走歪门邪道，天地难容，各种灾难会突然降临。但灾难的降临都是有其必然发展的过程，我们必须关注这一过程的变化苗头，防患于未然。

以虚受人

yǐ xū shòu rén

这一成语来自《易经》咸卦。孔子解释该卦卦辞的《象传》说：山上有泽，咸；君子以虚受人。

咸，甲骨文 ，左下方是一个城邑，右面是个大戈，表示全民皆兵，齐心守城。受，容纳。成语以虚受人，指虚心接受别人的意见。

咸卦卦象：

上兑

下艮

咸卦，下面是艮卦，艮代表山，上面是兑卦，兑代表泽，山上有泽。泽性下流，水泽感应了山，山也感应了水泽。咸卦象征着事物相互的感应，也指人与人之间的感应，如男女间的交互感应。

《易经》上经以乾坤两卦开篇，随后讲的是天道与地道；《易经》下经以咸恒两卦开篇，接下来讲的便是人道。

解释该卦辞的《象传》说：山上有泽，是咸卦的象征；君子据此当虚心容纳别人。

周公吐哺，天下归心。讲的就是周公以虚受人，尊重天下贤士。

周武王灭商后，姜太公封在齐国，周公封鲁国。武王病逝，成王年幼，周公便留在京城辅佐成王。周公派他的大儿子伯禽替自己管理鲁国。

临行前，周公叮嘱儿子说：你去了，不要以为自己是鲁国国君就怠慢各方面的人才。我是文王的儿子、武王的弟弟、成王的叔叔，在朝廷上的地位不可谓不高。就是这样，为了招揽天下贤能之士，接见求见之人，一餐饭要多次吐出口中食物来，一次沐浴要多次握着头发。后来称为"一饭三吐哺，一沐三握发"。

曹操尊重爱惜人才，也像周公那样用真情感动天下的人才，还专门作诗歌颂周公：

山不厌高，海不厌深。

周公吐哺，天下归心。

——《短歌行》

咸卦启发人们，要像男女相恋时那样虚心接受别人的意见。"情人眼里出西施。"相恋的男女眼中，对方都是完美的，甚至于对方的缺点都能够接受。孔子曾批评鲁定公："我未见好德如好色者。"此句意为，人为什么不能像好色一样去追求美德呢？如果真像相恋男女那样虚心接受别人的批评，就会虚怀若谷，自己便会有较大的进步。

cóng
yī
ér
zhōng

从一而终

这一成语来自《易经》恒卦第五爻。爻辞说：六五，象曰：妇人贞吉，从一而终也。

从一，即从夫。

成语从一而终，指丈夫死了，妇人不再嫁人。

恒卦卦象：

上震

下巽

恒卦，下面是巽卦，巽代表风，上面是震卦，震代表雷，雷震则风发，二者相依相助恒常不变。所以恒卦象征着恒久。

恒，金文 ，左面是心，右面的上下两横是天与地，中间是太阳，表示心志如天地间的日月一样永久不变。

前一卦咸卦讲男女感应结合为夫妇，夫妇之道应天长地久，白头到老，所以接着是象征恒久的恒卦。

解释该卦第五爻爻辞的《象传》说：妇人安守吉祥，是因为要从一而终。男人要拿定主意，顺着妇人的样子则凶险。

———— 延 伸 拓 展 ————

孟母断机杼的故事，讲的就是孟母教育孟子要树立恒心。

孟子小的时候读书，刚开始还懂得用功，后来就渐渐学会偷懒、贪玩，不肯用功读书了。有一天，他竟然逃学回家。

母亲此时正在家中织布，一看见他逃学回来，就拿起剪刀把织布机上织了一半的线剪断了。孟子很惶恐地跪下，问母亲为何要把线剪断。

母亲责备他说："求学跟织布的道理是一样的，必须一丝丝不断积累，才能织成有用的布料。如果中途把它剪断了，那就会前功尽弃。求学更是要不断地用功，最后才会有所成就。而你现在却偷懒逃学，不肯用功读书，怎么能成就学业？"

孟子听了母亲这番话，非常惭愧，立刻向母亲认错，从此发愤向学。经过长年累月的不懈努力，终于成就了自己的道德学问。

恒卦的这一爻除了强调妇女要从一而终的表层意义外，更深层次地启发人们，每一个人只要坚持正确的人生方向，始终如一，持之以恒，终会有所成就。俗话说得好：只要功夫深，铁杆磨成针。许多人做事情只有开始，没有终止，不能一以贯之，坚持到底，往往半途而废。

84

bù è ér yán
不恶而严

这一成语来自《易经》遁卦。孔子解释该卦卦辞的《象传》说：君子以远小人，不恶而严。

恶，憎恶。严，威严。

成语不恶而严，指并不恶声恶气，但很威严，使人敬畏。

遁卦卦象：

上乾

下艮

遁卦，下面是艮卦，艮代表山，上面为乾卦，乾代表天，天下有山。天若君子，山比小人，小人渐长，君子退避。遁卦象征隐退、退避。

遁，篆文 𧘂，左面是走，右面是盾，表示用盾牌掩护逃走，引申为回避、逃避。

前面恒卦讲的是坚守不变，但事物不会永远在一个位置上而不变化发展，必要的退却是为了更好的前进，如用拳头打人，总要将拳头先收回来，再出击，所以恒卦后面是遁卦。

解释该卦卦辞的《象传》说：天下有山，是遁卦的象征；君子据此当远避小人，不激化矛盾而威严。

───── 延伸拓展 ─────

西晋时，"竹林七贤"之一的刘伶不与篡魏的司马氏合作，采取了远避司马氏的对策。

刘伶曾在建威将军王戎幕府下任参军。晋朝建立后参与对策，提倡无为而治。同辈的人都因考核优秀而升迁，唯独刘伶因不愿与司马氏为伍辞官而去。

泰始二年（266年），朝廷派特使征召刘伶再次入朝为官。刘伶不愿在司马氏的朝廷做官，听说朝廷特使已到村口，赶紧把自己灌得酩酊大醉，然后脱光衣衫，朝村口裸奔而去。朝廷特使看到刘伶后始觉其乃一酒疯子，于是作罢。

刘伶好老庄之学，在生活上不拘礼法，以饮酒为常，甚至达到了"病酒"的境地。他自称"惟酒是务，焉知其余"，他喝酒之后，常常坐着鹿车，带一壶酒，使人扛着锹跟着，说："如果我醉死了就把我埋了。"他还曾发出"我以天地为栋宇，屋室为裈衣，诸君何为入我裈中？"的酒后豪言。

刘伶最终一生不再出仕，老死家中。

遁卦告诉人们，在人生的旅途上，要学会把握时机，适时进退。政治清明，则勇于进取；小人当道，则急流勇退。正如孟子所说，"达则兼济天下，穷则独善其身"。另外，古人说得好，"公生明，廉生威"。要始终保持自身清正，小人才会敬畏。

羝
dī

羊
yáng

触
chù

藩
fān

这一成语来自《易经》大壮卦第三爻。爻辞说：九三，小人用壮，君子用罔，贞，厉。羝羊触藩，羸其角。

罔，不；君子用罔，君子不用壮的意思。羝羊，公羊。触，金文 🐾，左面为牛角，右面为瞪大眼，表示抵撞。藩，篱笆。羸，困的意思。

成语羝羊触藩，指公羊的角缠在篱笆上进退不得。比喻进退两难。

大壮卦卦象：

☳ 上震
☰ 下乾

大壮卦，下面是乾卦，乾代表天，上面是震卦，震代表雷，震雷响彻天上，为大壮。大壮卦象征壮大、强盛。

壮，金文 **壯**，左面是一张床，右面放了一个兵器，表示古代男子在睡觉时旁边放着武器便胆大放心，引申为雄健的、强有力的。

遁卦是归隐保全，经过不断积蓄，终于变得强大了，所以遁卦后面便是大壮卦。

这一卦第三爻爻辞的意思是，九三，小人使用强力，君子则不然；占问，有危险。好比公羊顶篱笆，有困伤其角之忧。

———— 延伸拓展 ————

三国时期的吕布，英勇无敌但缺乏谋略，只凭匹夫之勇，鲁莽行事，最终死于曹操手下。

吕布，字奉先，历代被誉为是三国时期第一战将，人称"人中吕布，马中赤兔"。吕布的勇力，无人能敌，惯使一杆方天画戟，挑落三国众多名将。

但是，在风云莫测、群雄逐鹿的汉末，仅靠勇武是无法成功的。吕布尽管勇力过人，却有勇无谋，而且又不讲信用，唯利是图，经常出尔反尔。吕布拜过董卓为义父，又投奔过刘备，还依附过曹操，曾被张飞斥为"三姓家奴"。吕布又经常偏听偏信，感情用事，别人煽动他打谁，他便不假思索，贸然进兵。到头来，吕布落得孤家寡人的境地，成为众矢之的。最终，在曹操与刘备的夹击下，一代勇夫吕布命丧白门楼。

大壮卦告诉人们，逞强使能是小人的伎俩。越是刚强有力的人，做事越不能逞一时之勇，而应该努力克制自己，坚持走正确的道路，用智慧取胜，才能避免不必要的伤害。靠匹夫之勇的吕布，到头来被手下捆绑死于曹操刀下。

zhòu

昼

rì

日

sān

三

jiē

接

这一成语来自《易经》晋卦。卦辞说：晋，康侯用锡马蕃庶，昼日三接。

锡，借为赐；蕃庶，众多。昼，甲骨文 ，上面是手提毛笔，下面是太阳，表示日出时提笔记下新的一天。

成语昼日三接，指一日之间接见三次，比喻深受宠爱礼遇。

晋卦卦象：

䷢　　上离
　　　下坤

晋卦，下是坤卦，坤代表为地，上面是离卦，离代表火，代表日，日出地上。即光明出现在地面，万物柔顺依附的样子。晋卦象征进长、前进、晋升。

晋，甲骨文 ，上面两个至（到），下面是太阳，表示太阳升起来了，引申为朝见、进见、

提升。

前卦大壮讲的是积蓄力量而强壮，但事物不可能总是停留在强壮的状态，强壮后有所前进、发展，所以大壮卦后面便是晋卦。

该卦卦辞的意思是，晋卦，上进的诸侯或安邦的大臣得到君主赏赐的车马众多，一天之内多次被接见。

─────── 延伸拓展 ───────

有一个历史故事讲述的是昼日三接的意思。有人认为晋卦讲的正是这个故事。

故事说武王伐商成功后，大封天下。他将自己兄弟或宗室子弟及伐商的有功之臣封为各地诸侯。如周公封在鲁国，姜太公封在齐国。武王为的是迅速控制局面，也让他们各自全面发展自己封国的经济军事实力，以屏护刚刚建立的周王室。

武王有一个弟弟被封在康，是为康侯。康侯用武王给的马作种马，生育了很多的良马。因为良马是当时重要的作战和交通工具，所以武王大加赞赏，一天就接见了他三次。

晋卦告诉人们一个道理，一个有作为的人要不断进步，像天上的太阳一样，发光发热，对社会做出自己的贡献，便会受到人民的尊重和社会的认可。

用
yòng

晦
huì

而
ér

明
míng

这一成语来自《易经》明夷卦。孔子解释该卦卦辞的《象传》说：君子以莅众，用晦而明。

莅，靠近观察，也指治理；众，民众；莅众，治理众人。晦，籀文 ，左面是月亮，右面是黑，表示农历最后一天月亮完全隐藏起来，月光昏暗。

成语用晦以明，指心里明白却不显露，以谦虚收敛自己。

明夷卦卦象：

上坤
下离

明夷卦，下面是离卦，离代表日，代表光明，上面是坤卦，坤代表地。日落地下，光明没入地中。明夷卦象征光明损伤，有受伤、倒霉的意思。

夷，金文 ，表示捆绑俘虏，原来是中原人用绳索捆绑俘获的外邦人，后引申为铲平，平坦。

上一卦为晋卦，象征晋升进步，太阳不可能永远停在天空中，也有日落时候，所以晋卦后面是明夷卦。

孔子在解释这一卦时还举了两个例子：一是周文王，充满仁爱之光的周文王被暴虐的商纣王囚禁起来，光明暂时被黑暗笼罩。商纣王的叔叔箕子多次劝谏无效，这个充满智慧的人装疯卖傻，虽被囚禁却免于一死，直到武王灭了商王朝后，才把箕子放了出来。所以《象传》说：光明隐入地中，是明夷的象征；君子据此治理百姓，当以韬晦之道达到光明。

延 伸 拓 展

孔子提到的这个箕子，是一个有着大智慧的人，懂得在黑暗时期韬光养晦保护自己。

箕子，是商纣王的叔父，官太师，因其封地在箕，故称箕子。孔子称他与微子、比干为殷末"三仁"。

箕子作为三公辅佐纣王时，见纣王进餐必用象箸，感到纣王已经暴露出奢侈的苗头。后来商纣王果然暴虐无道，整天酗酒淫乐而不思理政，挥霍无度。作为纣王叔父的箕子，见纣王这般无道，苦心谏阻，但屡谏纣王都不听。

有人劝箕子离去，箕子曰："为人臣，谏不听而去，是彰君之恶而自悦于民，我不忍也。"箕子见成汤所创600年江山即将断送在纣王手中，心痛如割，索性割发装癫，披发佯狂为奴，遂隐而鼓琴以自悲，每日里只管弹唱"箕子操"曲以发泄心中悲愤。纣王见此，以为箕子真疯，遂将他囚禁起来，贬为奴隶。

直到武王灭了纣王，箕子才被解救出来。

明夷卦告诉人们，当处于困境之中时，要坚持内有文明之德，外行柔顺之象。要像周文王那样，身处不利的环境，被商纣王囚禁而外显柔顺低调行事，最终推翻暴虐的商朝，建立较为文明且崇尚人文精神的周朝。

言 之 有 物

这一成语来自《易经》家人卦。孔子解释该卦卦辞的《象传》说：君子以言有物，而行有恒。

物，甲骨文 𤲲，左面是牛，右面是刀上溅血，表示用刀杀牛。古人曾传说地上的一切都是神牛下凡造成的，所以用"牛"指代"物"，用"牛"指代一切。

成语言之有物，指说话要有内容，符合实际。

家人卦卦象：

上巽
下离

家人卦，下面是离卦，离代表火，上面是巽卦，巽代表风，内火外风，风自火出，似家事自内影响至外。家人卦象征一家人，指家庭伦理与治家之道。

家，甲骨文 𡪄，上面是房子，下面是猪，表示能够蓄养生猪的稳定居所。

上一卦明夷卦，指遇到困境而受伤，人受伤后便会回到家里养伤，所以明夷卦后面是家人卦。

这一卦既包含家庭内部关系，又涉及家庭与社会的关系。孔子解释这一卦认为，家人卦中，

女子在家居于正当地位，男人在外居于正当地位，每个人都要摆正自己的位置，这是天地的大道理。家中有尊严的君长，就是父母。父亲要像个父亲，儿子要像个儿子，兄长要像个兄长，弟弟要像个弟弟，丈夫要像个丈夫，妻子要像个妻子，这样为家之道就端正了。家道端正了，天下也就安定了。《象传》在解释该卦卦辞说：风从火中生出，是家人的象征；君子据此应当说话有内容讲信用，行为守恒准则。

―――― 延伸拓展 ――――

一天，曾参的妻子要到街上去。儿子却拉住她的衣襟又哭又闹，一定要跟着母亲一起上街。

曾参的妻子被孩子纠缠得没有办法，就对孩子说："你留在家里吧，等母亲回来杀猪给你吃！"孩子便被哄回家里去了。

曾参的妻子从街上回来，只见曾参用绳子把猪捆在地上，旁边还放着一把雪亮的尖刀，正准备杀猪呢！她一看这阵势，急了，赶忙制止丈夫说："刚才是和孩子说着玩的，哪是真的要杀猪呢！"

曾参却认真地对妻子说："孩子是不能欺骗的。孩子还小，不懂事，只会模仿父母的行为，听从父母的教训。今天你说话不算数，骗了孩子，实质上就是在教孩子说假话。再说，母亲骗了孩子，孩子就会觉得母亲的话不可靠，以后再对他进行教育，他就不会轻易相信了。这样做，对家庭教育是不利的。"结果，曾参说服了妻子，还是把猪杀了。

　　孔子在解释家人卦时提出了"修身齐家治国平天下"的儒家的基本思想。他提出整个社会和谐体系的构建，首先应从处理家庭关系入手。家庭成员应尊卑有序，各守其位。同时，也告诉我们从家庭推广至社会，社会才能有秩序地和谐运行。每个人都要从自己的一言一行做起，说话不能说大话空话，应讲真话实话，"言必信，行必果"。这样，人人才能诚实可信，天下才能和谐安定。

求
qiú

同
tóng

存
cún

异
yì

　　这一成语来自《易经》睽卦。孔子解释该卦卦辞的《象传》说：上火下泽，睽；君子以同而异。

　　成语求同存异，指寻求共同之处，保存有差别的地方。

　　睽卦卦象：

上离

下兑

　　睽卦，下面是兑卦，兑代表泽，上面是离卦，离代表火，火焰向上烧，泽水向下浸，两性相背。睽卦象征乖异，不和谐。

　　睽，金文 🝖，上面是两只眼睛，下面是仔细测量，表示两只眼睛各向一面看。

　　上一卦家人卦讲家人各守其职坚持正道。现在家中变得穷困了，于是离异、不合的现象出现了，这就是睽卦。

　　《象传》在解释该卦卦辞时说：火在上泽在下，是睽卦的象征；君子据此当求大同而

存小异。另外，还强调改变这一境遇，应当从小事入手。

—— 延伸拓展 ——

周恩来总理就是利用同人卦这一辩证法智慧，1955 年在亚非万隆会议上提出"求同存异"的指导方针。

在世界历史上，万隆会议是第一次由曾遭受帝国主义侵略和奴役的亚洲、非洲国家发起和参加的大型国际性会议。但在当时，与会各国的情况复杂，社会制度、意识形态和宗教信仰存在差异，而且在一些重大国际问题上的主张也不尽相同。

会场的气氛十分紧张，一些国家从意识形态上指责中国。周总理决定放弃读事先准备好的发言稿，而将原稿油印散发，另做了一个补充发言。4 月 19 日下午，周总理登台讲话，开门见山地指出："中国代表团是来求团结而不是来吵架的。"接着，周总理强调"求同"而不是"立异"，就是求同存异。

这里的同，是与会者都遭受殖民地半殖民地的苦难，都面临发展民族经济争取民族独立的要求和使命；这里的异，是尊重各国社会制度、意识形态、宗教信仰和生活习惯等。

会议的气氛由此好转，求同存异受到了第三世界人民的认同，团结了大多数，打破了帝国主义的封锁，维护了世界和平，掀起了反对帝国主义和殖民主义的不结盟运动的新高潮。

睽卦告诉人们，自然界的万物之间和人类社会的人与人之间，都有矛盾与差异。这个成语告诉我们一个道理，正是各种矛盾与差异构成了五彩的世界。只有求大同存小异，才能形成合力，推动着事物的发展和社会的进步。

蹇
jiǎn

蹇
jiǎn

匪
fěi

躬
gōng

这一成语来自《易经》蹇卦第二爻。爻辞说：六二，王臣蹇蹇，匪躬之故。

王臣，君王的臣仆。蹇，篆文 ，上面是寒，下面是有疾的足，表示足跛被人冷眼相看让人心寒，引申为步履艰难。蹇蹇，奔走排忧解难的样子。匪，即非；躬，自身；故，指事。

成语蹇蹇匪躬，指奔走不停排忧解难，不为私利。

蹇卦卦象：

　　上坎

　　下艮

蹇卦，下面是艮卦，艮代表山，上面是坎卦，坎代表水，山上有水。山路本就艰险，水积山上，行路更难。蹇卦象征行走艰难，有跛足、不顺利的意思。

上一卦睽卦表示家道衰落，衰落后会带来百事不顺，所以睽卦后面就是蹇卦。

该卦第二爻的意思是，六二，君王的臣僚们奔走不停排忧解难，不是为了自己的事情。

◆ 延 伸 拓 展 ◆

唐僧，本名陈祎（yī），是唐朝的一名高僧，曾被尊为"三藏法师"，后世称为唐僧。唐朝初年，中国佛教界对佛经的理解差异很大。于是，贞观三年（628年），29岁的唐僧发愿西行印度求取佛法，直探原典，以便统一中国佛学思想的分歧。

唐僧的西行并未得到唐太宗的支持。唐太宗鉴于南北朝时期的佛教对社会的负面影响，又因追崇老子为先祖，从而重视道教。执意西行的唐僧私自出关，失去了国家的支持自然面临着种种困难。前面高山峻岭，大漠无边，正如《西游记》所描写的途中无数险关，历经了九九八十一难。最终，唐僧凭着超人的毅力，克服难以想象的艰难险阻，行走了近2万里，终于到达目的地天竺。

在天竺，唐僧游学了众多的佛寺，潜心钻研佛教经典，深得佛教精义。他与众僧辩论，没有被难倒的辩题，一时名震印度五国，受到当地佛教界的尊重，并被大乘佛教尊为"大乘天"，被小乘佛教尊为"解脱天"。

西行17年后，唐僧谢绝天竺佛教界的挽留，带着600余部重要的佛教经典回到了长安。此后，他进行了大量的佛经翻译工作，为佛教在中国的传播，为世界文化的交流做出了伟大的贡献。

蹇卦告诉人们，为了国家大业和人民群众的利益，面对前进道路上的任何艰难险阻，我们都应该不计个人得失，努力攻坚克难，勇往直前。发扬当年红军二万五千里长征精神，奋勇向前，去夺取最终的胜利。

赦
shè
过
guò
宥
yòu
罪
zuì

这一成语来自《易经》解卦。孔子解释该卦卦辞的《象传》说：雷雨作，解；君子以赦过宥罪。

赦，金文 ，左边是将罪犯的开具打开，右边持器械，表示赦免。宥，本义为广厦容人，引申为宽恕。

成语赦过宥罪，指赦免过错，宽恕罪行。

解卦卦象：

上震

下坎

解卦，下面是坎卦，坎代表雨，上面是震卦，震代表雷，雷雨兴起，万物当春，纷纷舒发生机。解卦象征解脱、解除险难。

解，甲骨文 ，上面是两只手在掰牛角，下面是牛，表示屠牛。取牛角，是剖牛过程中

技术最复杂、最具代表性的步骤，因此用取牛角代表剖牛，引申为解脱、解救。

上一卦蹇卦象征险阻重重，但人生不会总处于不顺利的状态中，总会有缓解与解脱的时候，所以蹇卦的后面就是解卦。

解释该卦卦辞的《象传》说：雷雨兴起，是解卦的象征；君子据此当赦免人的过犯，宽恕人的罪责。

延 伸 拓 展

贞观六年（632 年），通过"玄武门之变"即位的唐太宗，励精图治，从谏如流，举贤任能，使国家政治昌明，经济发展，社会安定。临近年关，颇有成就感的唐太宗到大牢视察。经过询问牢中的死囚犯，唐太宗发现死囚们都能承认罪行甘愿伏法，一时心有所动，便决定放这些犯人回家过节。同时，唐太宗同死囚犯约定，明年秋收后回来，再接受极刑。全国送到京城等待斩首的 400 余名死囚，都被他放回家了。

到了约定的时间，这 400 余名死囚犯，竟然一个不少，都按时回来了。唐太宗一看这情景，干脆将这些讲诚信的死囚彻底放了，让他们回去重新做人，好好过日子。

白居易还写诗称赞此事："怨女三千出后宫，死囚四百来归狱。"诗中写的"怨女三千出后宫"，是指放还 3000 名宫女归家，这是唐太宗释放死囚后做的又一件被人称道的事。

　　文武之道，一张一弛。齐家治国，也如此。解卦告诉人们，调整社会关系不仅要用法，还要宽严相济，敢于包容各种错误和过失，才能使各种积极的因素得以释放，形成更多推动社会发展的正能量。

与时偕行

与
时
偕
行

这一成语来自《易经》损卦。孔子解释该卦卦辞的《象传》说：二簋应有时，损刚益柔有时，损益盈虚，与时偕行。

簋，古代祭祀的礼器。偕，篆文 ，左面是人，右面是两个人异口同声，表示两人一起行动。成语与时偕行，指根据时势变化来行事。

损卦卦象：

上艮

下兑

损卦，下面是兑卦，兑代表泽，上面是艮卦，艮代表山，泽在山下。泽卑山高，以泽之自损以增山高。损卦象征损失、减少。

损，金文 ，左面 是用手捣毁，右面 是钟鼎的圆口，表示捣毁破坏钟鼎等贵重器皿。前一卦解卦是解除危机的意思，解除危机必然带来损失，所以解卦后面则是损卦。

孔子解释该卦卦辞的《彖传》说：损，是减损下增益上，阳者得以上行。减损而有诚信，大吉，没有灾害，可以守正，宜于有所行动，二簋就可以用来献祭。用二簋献祭要适时，损减刚强增益柔弱也要适时，损与益，盈与虚，都要配合着时势来进行。

------- 延伸拓展 -------

春秋第一霸主齐桓公死后，一心想当霸主的宋国与刚刚崛起的楚国在中原的舞台上展开了争霸的角逐。

当时郑国亲近楚国。宋襄公为了削弱楚国的实力，出兵攻打郑国，楚国则直接派兵攻打宋国以解救郑国。前 638 年，宋国与楚国在泓水边爆发了著名的泓水之战。

宋军已经排好战斗的队列，楚国人却没有全部渡过泓水。宋国大夫、掌管军事的司马子鱼对宋襄公说："对方人多，我方人少，趁着他们没有全部渡过河，请国君下令攻击他们。"

宋襄公说："对手还在渡河。君子打仗不能这样做。"

等到楚军全部渡河，但尚未排好阵势，司马子鱼又劝宋襄公应该趁机攻击楚军。

宋襄公说："古代君子打仗不鼓不成列。人家还未列好战阵，我们不可以这样做。"

等到楚军摆好阵势，宋襄公才下令攻击楚军。结果宋军大败，宋襄公自己大腿受了伤，护卫他的军士们也都被杀死了。

宋国国内的人都怪罪宋襄公导致了战争的失败。宋襄公说："君子不再杀死已经受伤的敌人，不擒二毛（俘虏头发斑白的老人）。古代用兵的礼仪是不凭借险要的地形来取得胜利。我是殷商的后代，按作战的德行也不能攻击没有排成阵势的敌人。"

该卦告诉人们，几千年前古人已经将与时俱进作为真理写在了《易经》里。任何事情不随时间变化而动，必然衰败。宋襄公在战场讲仁义道德却成了春秋战争史上的笑话，后来被毛主席称为"蠢猪式的战法"。宋国是商朝的后裔，在一些人的脑子里还保留着商朝时期战争中的礼仪规范，如"不鼓不成列""不擒二毛"等。时代已经发展，与时俱进才有立足之地。宋襄公没有随着时代的发展而转变观念，最终酿成了宋国的悲剧。

gǎi 改 guò 过 qiān 迁 shàn 善

这一成语来自《易经》益卦。孔子解释该卦卦辞的《象传》说：风雷益；君子以见善则迁，有过则改。

迁，甲骨文，左边是众多的手搬着行李，右边是他乡的城邑，表示提包携囊，徙居他乡，引申为向往、改变。

成语改过迁善，指改正错误，变成好的，去恶从善。

益卦卦象：

上巽

下震

益卦，下面是震卦，震代表雷，上面是巽卦，巽代表风，风烈则雷迅，雷激则风怒。即风雷相益。益卦象征增多、补益。

益，甲骨文 ，盛器 里面的水 ，表示水满而溢出，引申为增加，盈余。

前一卦损卦不停地减损，就会出现损极而反的增益，所以损卦后面就是益卦。

解释该卦卦辞的《象传》说：风顺雷动，是益卦的象征；君子据此当见善思迁，有过就改。

延伸拓展

刘邦在汉初实行损上益下，为文景之治奠定了基础。

汉初统治者亲身经历了秦朝灭亡的过程，吸取秦王朝教训是其采取休养生息政策的原因之一。刘邦本人经历过农民战争，他本身是通过农民起义当上皇帝的，亲身感受到农民战争的巨大威力，体会到秦王朝的灭亡是在赋税、徭役、刑罚等方面过重所致。秦王朝赋税重，占农民收成的2/3。农民还要负担沉重的徭役和兵役，史书记载，秦朝全国人口约2000万，征发徭役和兵役的总人数达二三百万，光是修建阿房宫和骊山墓这两项工程，就征发了70多万人。

汉高祖刘邦在位时，为了与民休息，除了让士兵复员生产外，还让战争期间逃亡的人回家，把卖身作奴隶的人释放为平民，规定十五税一。

益卦告诉人们，一个人的德行不是天生的，是从社会的大课堂不断学习，不断增益而成的。正如孔子所说，"三人行必有吾师焉"；《左传》所说，"知错能改，善莫大焉"。看到别人的优点就要虚心学习，发现自己的过错就应及时改正。

趑 zī

趄 jū

不 bù

前 qián

这一成语来自《易经》夬卦第四爻。爻辞说：九四，臀无肤，其行次且。

次，亦作趑，行走不前。

成语趑趄不前，指犹豫畏缩，不敢前进。

夬卦卦象：

上兑

下乾

夬卦，下面是乾卦，乾代表天，上面是兑卦，兑代表泽，天上水汽腾腾，欲降成雨。堤坏而河水泛滥谓之河决。该卦象征决裂、决断，有清除邪恶的意思。

夬，甲骨文 ，上面 是一只手， 是一块有缺口的玉玦，下面又是一只手 ，表示古代王公贵族临别赠玦赠言，互道珍重，一人送玉玦一人接收，期许重逢，后引申为诀别、决裂、决断。

前面的益卦象征着受益，不断受益到极点会溢出，如河水溢出河床，所以益卦后面是夬卦。

夬卦第四爻爻辞的意思是：臀部受伤连肌肉都没有，行走艰难，不想让羊跑掉，被羊牵着走，听不进别人的劝告。解释该爻的《象传》说：行走艰难，是九四的位置不当，不听别人的话是不聪明。

延 伸 拓 展

三国时，司马懿面对诸葛亮设的"空城计"，赵趄不前，错失良机。

司马懿率领 15 万大军，击溃马谡夺取街亭，又乘胜连下三城，以迅雷不及掩耳之势直逼蜀军的后方机关西城。

诸葛亮来不及撤退，手下只有 2500 名老弱残兵，在万分紧急的情况下，诸葛亮导演了一幕精彩的"空城计"，骗走了多疑的司马懿。

后人据此编排了一出百看不厌、久演不衰的京剧传统剧目《空城计》。诸葛亮将小小的西城四门大开，还派老军洒扫道路，自己在两个琴童的陪同下，登上城楼焚香弹琴。当司马懿兵临城下时，诸葛亮若无其事，镇定自如。口中还唱道："我正在城楼观山景，忽听得城外乱纷纷，旌旗招展空翻影，原来是司马发来的兵……你来此就该把城进，为什么犹疑不定、进退两难，为的是何情？……你不要胡思乱想心不定，来，来，来，请上城来听我抚琴。"

司马懿的两个儿子司马师、司马昭似乎看出诸葛亮故弄玄虚的破绽，要发兵攻城，活捉诸葛亮，当即受到司马懿呵斥。司马懿犹疑了一番，怕中"埋伏"，在城下自我解嘲道："诸葛亮啊，诸葛亮，你是空城也罢，实城也罢，老夫今日是不上你的当了。"于是，司马懿下令"前队变为后队，退兵四十里"，成就了诸葛亮的神话。

夬卦告诉人们，在艰难之中，要勇敢果断地作出决断，选择正确的行动方向，从而取得成功。但这种决断的作出，需要信息的正确和虚心听取别人的劝告，耳不聪，目不明，便会作出错误的决断。切勿像项羽在鸿门宴优柔寡断，养虎为患，导致最后的失败。

及宾有鱼

jí bīn yǒu yú

这一成语来自《易经》姤卦第二爻。爻辞说：九二，象曰：包有鱼，义不及宾也。

包，亦作庖，此指厨房。宾，甲骨文 ⿱⿱，上面是 ∩ 王室的宫殿，里面 ⿰ 是方国的诸侯，⿰ 远道走来朝贡，引申为敬重的贵客。

成语及宾有鱼是从这一爻辞引申出来的，指用别人的鱼请客。但是，其与姤卦及第二爻的意思恰恰相反。

姤卦卦象：

䷫　上乾

　　下巽

姤卦，下面是巽卦，巽代表风，上面是乾卦，乾代表天，风行天下，无物不遇。姤卦象征相遇。《诗经》有：邂逅相遇，适我愿兮。

前面夬卦表示众阳驱逐阴，如河水溢出，决裂后必有相遇，所以夬卦后面便是姤卦。男女相遇结合为正常，但该卦则要决断不正常的情况。姤卦卦辞：女壮，勿用取女。意思是，不

要娶这个女子，女子过于强势和强壮不会相处长久。古人认为过"强"易"淫"，娶这样的女人会有灾祸。

该卦第二爻爻辞的意思是，九二，厨房里有鱼，没有灾祸，但不宜于招待宾客。解释该爻的《象传》说：厨房里有鱼，但从情势上看轮不到宾客。意思说，厨房里有鱼，但从道理上讲是不宜于给宾客吃的。这里借鱼指妻，因为自己的妻子是不能用来招待宾客的，否则会有灾祸。

———延 伸 拓 展———

武大郎是城里卖烧饼的，身材矮小还长得比较丑，却踏实肯干。这样一个老实人，却不该娶那个漂亮的媳妇潘金莲。

一次，潘金莲不小心用晾衣竿打了西门庆。这一打，她便被这个有钱有势有模样的人吸引，而西门庆一肚子花花肠子，便通过王婆勾搭上了潘金莲。

潘金莲勾搭上西门庆后，就想甩掉武大郎，与西门庆做长久夫妻。于是，两人密谋用毒药害死了武大郎。

武大郎的弟弟武松在外得知哥哥死了，回家奔丧。武松感觉其中有鬼，认真调查，知道哥哥的死和潘金莲、西门庆有关，是他们合谋杀害了自己的哥哥。一时气愤不过，便杀死了潘金莲和西门庆。武松替哥哥报了仇，从此沦落天涯，成了朝廷逃犯，最后被逼上了梁山。

　　从姤卦引申出的成语及宾有鱼启示我们，朋友相遇应该用最美好的东西招待，这是我们民族的传统。但是我们又爱憎分明，对敌人或居心叵测的人则完全用另一种方式对待。

yǐ
以
jiè
戒
bù
不
yú
虞

这一成语来自《易经》萃卦。孔子解释该卦卦辞的《象传》说：君子以除戎器，戒不虞。

除戎器，即修治兵器。虞，金文 🔣，上面 🔣 是虎头面具，下面 🔣 是戴面具娱乐的人，表示打虎得胜后，戴着虎面具，表演打虎的歌舞，引申为忧虑、忧患。不虞，即不可预料之事。

成语以戒不虞，指随时提高警惕，以防不测之事发生。

萃卦卦象：

䷬　　上兑

　　　下坤

萃卦，下面是坤卦，坤代表地，上面是兑卦，兑代表泽，泽居地上，即水在地上聚集成泽，滋润万物。萃卦象征聚集、汇聚。我们常说集萃，群英荟萃。

萃，金文 🔣，上面是草 🔣，下面是青绿 🔣，表示草木密集丛生，一片青绿，引申为聚集、汇集。

前面姤卦讲的是阴柔与阳刚相遇，相遇必然会聚集在一起，所以姤卦后面是萃卦。

解释该卦卦辞的《象传》说：泽处大地之上，是萃卦的象征；君子据此修治兵器，以防备意外事情的发生。

———— 延伸拓展 ————

1941 年，德国突然进攻苏联，苏联措手不及，损失惨重。

1941 年 6 月 22 日凌晨 3 时 30 分，纳粹德国对苏联不宣而战。秘密集结的德军，用数千架飞机对苏联西部的飞机场、军事要地、重要城市和交通枢纽展开猛烈轰炸，数千门大炮对苏军的边防哨所、防御工事和部队配置地发射一排又一排的炮弹。凌晨 4 时，300 多万德军的坦克、摩托化部队和步兵展开全线进攻。

由于苏军疏于防备，半天之内就损失了 1200 架飞机，其中 800 架还没来得及起飞就被击毁在西部的 66 个机场上。从波罗的海沿岸到乌克兰，苏联许多重要城市及通信设施和交通枢纽遭到严重破坏，部队一片混乱，德军第一天就前进了 50 到 60 千米。

从 6 月 22 日到 7 月 9 日，德军共歼灭苏军 28 个师，重创 70 个师，而德军仅仅伤亡 10 万人，在开战 18 天内已经取得巨大的战术阶段性胜利。

人类追求和平，但总与战争相伴。萃卦启示人们，要训练好军队，始终警惕战争的发生。做好战争准备，不仅是有好的武器装备，更重要的是要发动民众。只要将民众聚集起来，万众一心，就不怕战争，而且会战胜任何敌人。

jī
积
xiǎo
小
chéng
成
dà
大

这一成语来自《易经》升卦。孔子解释该卦卦辞的《象传》说：君子以顺德，积小以高大。

成语积小成大，指从小做起，成就高大。

升卦卦象：

上坤

下巽

升卦，下面是巽卦，巽代表木，上面是坤卦，坤代表地，地中生出树木为升，象征上升，发展。

升，甲骨文 ，是一长柄勺子 ， 是酒勺在滴洒酒水，表示将盛酒的酒斗从酒坛里提起，引申为由低向高移动，上升、提升。

前面萃卦表示积聚，越积聚便会升高，所以萃卦后面就是升卦。

解释该卦卦辞的《象传》说：地中长出树木，是升卦的象征；君子据此当唯德是从，积累小事以成就高大。

─────── 延伸拓展 ───────

在暴风雨后的一个早晨，一个男人来到海边散步。他一边沿海边走着，一边注意到，在沙滩的浅水洼里，有许多被昨夜的暴风雨卷上岸的小鱼。虽然近在咫尺，但它们被困在浅水洼里，回不了大海了。用不了多久，这些小鱼就都会被干死。

他继续走着，忽然看见前面有一个小男孩，不停地弯下腰去。他走近一看，原来小男孩在捡起水洼里的小鱼，用力把它们扔回大海，拯救着小鱼们的生命。这个男人忍不住对小孩说："孩子，这水洼里有几百几千条小鱼，你是救不过来的。""我知道。"小孩头也不抬地回答。"那你还捡，谁会在乎？""这条小鱼在乎！"男孩一边回答一边继续捡，继续扔，"这条在乎，这条也在乎！"

这个故事启示我们，"勿以善小而不为，勿以恶小而为之，积小善终成大德，积小成终成大功。"

正如老子所说："合抱之木，生于毫末；九层之台，起于累土。千里之行，始于足下。"意思是，合抱的大树，生长于细小的萌芽；九层的高台，是一筐土一筐土筑起来的；千里的行程，是一步又一步走出来的。

人们常说"聚沙成塔"。积小成大，这表达了易经升卦的核心思想。任何事物的发展都有一个由小到大的过程，我们无法违背这个规律。因此，我们要像不断长高的树木，从一点一滴做起，不断积累自己的美德，使自己能够不断成长起来。

致
zhì

命
mìng

遂
suí

志
zhì

这一成语来自《易经》困卦。孔子解释该卦卦辞的《象传》说：君子以致命遂志。

致命，舍弃生命。遂志，实现志愿。

成语致命遂志，指不惜牺牲生命来实现自己的志向。

困卦卦象：

上兑

下坎

困卦，下面是坎卦，坎代表水，上面是兑卦，兑代表泽，水在泽下，泽中无水，干泽，为困，象征穷困，受困。

困，甲骨文 ，外面 是用石头砌成的圈池，里面 是树木，表示接近根部的树干被地面上石砌的池子限制，生长受阻，引申为限制、困扰、没有出路。

前面的是升卦，但花无百日红，升迁到极致会走向反面，甚至会陷入穷困潦倒，所以升卦的后面是困卦。

解释该卦卦辞的《象传》说：泽中无水，是困卦的象征；君子据此不惜牺牲生命来实现自己的志向。

狼牙山五壮士为了民族存亡，舍命遂志不投降。

1941年抗战进入最困难时期。8月，为报"百团大战"一箭之仇，日本华北派遣军总司令冈村宁次，调动10万兵力向我晋察冀根据地发动大规模"扫荡"。9月初，其先头部队3000人在占领了狼牙山后，企图寻找八路军主力进行决战，由于敌强我弱，上级决定我军主力带领群众撤出狼牙山，转到外线安全地区。

留下打阻击的六班，只有5名战士，面对的却是3000多人的日本军队。

六班完成阻击任务后撤时，来到一个岔路口：向北去是主力部队和群众转移的方向，他们可以很快归队，可敌人正尾随其后，肯定会追上来，主力部队和群众将处于危险境地；向南走，通向棋盘陀是一绝路。此刻，班长马宝玉毫不犹豫，果断下令："向南走！"5名勇士一条心，宁可牺牲自己，也要保证主力部队和群众的安全。

最后退到悬崖，子弹打光，班长马宝玉对战士们说："同志们，我们都是有骨气的中国人，宁死不投降！为祖国、为人民牺牲是光荣的！"5名勇士折断枪支，从容走向悬崖！21岁的马宝玉整整军衣、正正军帽，大喊一声："同志们，跟我来！"第一个纵身跳下深谷。葛振林等4名战士也相继跳下悬崖。

5名勇士的悲壮之举，令一向骄横的"武士道"信徒们个个胆战心惊，直到这时他们才弄明白，数千日军围攻一天，耗费大量弹药，死伤数百人，原来与他们作战的只有5名八路军。

困卦启示我们，人是要有追求的。有了这种追求，便会不畏任何困难去实现自己的理想。当年孔子率众弟子周游列国，宣传自己的主张，被陈、蔡两国派兵围困，7天未吃上饭，孔子仍唱歌弹琴，悠然自得。这种精神更集中体现在共产党人身上。"生命诚可贵，爱情价更高，为了自由故，二者皆可抛。"成千上万像夏明翰这样的革命的先烈为了解放全中国，"砍头不要紧，只要主义真"，历经艰难，不怕牺牲，终于换来了我们今天的新生活。

井
jǐng

渫
xiè

不
bù

食
shí

这一成语来自《易经》井卦第三爻。爻辞说：九三，井渫不食，为我心恻。

渫，淘出泥污。为，同使。恻，不安。

成语井渫不食，指井虽淘净了，但不饮用。比喻有才不被用。

井卦卦象：

☰☰   上坎
         下巽

井卦，下面是巽卦，巽代表木，上面是坎卦，坎代表水，木上有水，即以木桶汲水，以水养人。井卦象征水井。

井，甲骨文 井，表示人工开凿的提取地下水的深水坑，为避免儿童老人坠入其中，四周设有方形护栏。据说是尧舜时期的伯益发明了井，使人们便于定居。

上一卦困卦讲上升遇到困境，必然会返到下边来，如提水罐子快到水面遇绳未伸开，而翻覆破裂，所以接着便是井卦。

该卦第三爻爻辞的意思是，九三，井掏净了却不饮用（如人有才而不被用），使我心里不安。被饮用，是君王英明，大家都可以享受到福泽。解释该爻的《象传》说：井掏净了却不饮用，路人都感到不安。期盼君王英明，因为大家都可以享受到福泽。

———◆ 延 伸 拓 展 ◆———

楚怀王听信谗言破坏了楚齐联盟，放逐屈原，使屈原犹如清泉不被饮用。

战国后期，天下的大势是：横则秦帝，纵则楚王。七雄兼并中，秦楚实力较强。开始苏秦的合纵，联合六国，共同对付强秦颇有成效。

屈原辅佐楚怀王时，对内积极变法图强，对外坚持联齐抗秦，使楚国一度出现国富兵强、威震诸侯的大好局面。

力主连横的张仪凭自己的三寸不烂之舌，并用重金收买了楚国的大臣靳尚、子兰和宠妃郑袖为内奸，导致楚怀王不辨忠奸，放逐屈原，与齐国断交，与秦国交好。楚怀王放弃贤人不用，讨好秦国，如同与虎谋皮，最终被秦国吞并。

屈原面对国破家亡，悲愤欲绝，最后投汨罗江而死。

人才是事业发展的动力。千里马常有而伯乐难寻。井卦启示人们要冲破思想与制度的束缚，不拘一格，大胆起用人才，莫让清洁的水井荒废。大量重用人才，会像清洁的井水，源源不断地浇灌出事业的成功之花。

shùn
顺

tiān
天

yìng
应

rén
人

　　这一成语来自《易经》革卦。孔子解释该卦卦辞的《彖传》说：天地革而四时成，汤武革命顺乎天而应乎人，革之时大矣哉。

　　汤武革命，讲的是两个故事。一个是成汤通过革命的方式推翻了无道的夏朝，建立起了商王朝。一个是周武王用革命推翻了暴虐的商王朝，建立了周朝。这两场革命顺应上天的意志，适应民众的心愿。

　　成语顺天应人，指顺应天命，合乎人心。

　　革卦卦象：

䷰　　上兑
　　　下离

　　革卦，下面是离卦，离代表火，上面是兑卦，兑代表泽，泽中有火，火性燥，泽性湿，二物不相得，会有变动。革卦象征变革、改革。

　　革，金文 𩊁，𦥑 剥兽皮毛的双手，𢀫 被剥皮毛的野兽，表示手持工具除去兽皮上的兽毛，引申为消除、变革、革新。

　　上一卦讲井，井水需要不断的清理才能保持洁净，这种清理就是一种改革行为，所以井卦

的后面是革卦。

革卦代表的形象，从大的方面讲，泽中有火，象征大泽中会有火山爆发，人们必须重新选择居住的地方，这是社会的大变革。从小的方面讲，剥下来的兽皮，先用刀刮去油脂，绷起来晒干，似下卦离的火来烤；再将干兽皮在水中泡软，进一步去脂去毛，似革卦上卦兑。将兽皮制作成革，使兽皮发生了较大的变化，为人们所用。所以，人们将对社会和人们生产生活有意义的运动称之为变革、改革、革命。

孔子解释该卦卦辞的《彖传》说：天地变革形成一年四季，商汤革除了夏朝的天命，周武王革除了商纣的天命，顺乎天意合乎民心。变革的时宜非常重要啊！

———— 延伸拓展 ————

武王伐商，顺天意合民心。

商汤建立的商朝，经过 600 余年，传到商纣王手中。这个商纣王暴虐无道，失去民心，民众怨声载道。

被纣王囚禁的周文王一经释放，便在西方推行仁政，并拜姜子牙为师，策划推翻纣王的残酷的统治，得到西部众多诸侯的支持。文王去世后，武王举起了替天行道的大旗，代表上天和四方的民意，率领各路诸侯发起了讨伐纣王的战争。

伐商大军渡过黄河，一路向东，在商朝都城郊外的牧野，与商军展开了决战。结果，由奴隶和囚徒组成的商军先头部队临阵倒戈，商军大败，被武王率领的联军杀得血流成河。

纣王见兵败，便登上自己平时享乐的鹿台，自焚而死。

这是一场继商汤伐夏桀之后，又一次伟大的革命。武王顺应民意革除了商朝的天命，建立了新王朝——周朝。

革卦启示我们，万事万物都会通过变革顺应时代和人民群众的要求向前发展。汤武革命，顺天地之理，应人民之望，是大变革的成功之例。粉碎"四人帮"之后，中国结束了内乱，顺天应人，开始了改革开放的大变革，经过 40 年的努力，发生了翻天覆地的变化，人民尝到了变革的甜头，更坚定了继续改革的信心。

革^{gé}面^{miàn}洗^{xǐ}心^{xīn}

这一成语来自《易经》革卦第六爻。爻辞说：上六，君子豹变，小人革面。征凶，居贞吉。象曰：君子豹变，其文蔚也。小人革面，顺以从君也。

面，甲骨文 ⬚ ，里面 ⬚ 是眼睛，外面 ⬚ 是脸廓，表示脸庞。革面，改换面貌。蔚，草木茂盛的样子；文蔚，文采显著。

成语革面洗心，指清除旧思想，改变旧面貌。比喻彻底改过，重新做人。

革卦第六爻：

䷰ 上兑

下离

该爻爻辞的意思是，上六，君子像斑豹一样助成变革，小人也纷纷改头换面。过于激进有凶险，安居守静则吉利。解释该爻的《象传》说：君子像斑豹一样助成变革，是说他的文采细密湿润。小人纷纷改头换面，是说他们顺从了君主的变革。

━━◇延◇伸◇拓◇展◇━━

曾有一个故事，讲的是佛教大师劝石勒、石虎洗心革面，不乱杀无辜。

五胡十六国时代，从奴隶当皇帝的后赵明帝石勒，及其义子石虎开始兴兵时，一度滥杀无辜，攻伐不断，致使生灵涂炭。佛图澄大师为了救度众生，来到石勒、石虎的营帐，希望能教化这叔侄俩。

"你们要发发慈悲心，为天下的生灵着想，不要再滥杀无辜了。"佛图澄大师义正词严地劝谏道。

石勒、石虎狡猾地说：你要我们发慈悲心，我们倒要看看出家人的心地究竟如何慈悲？佛图澄大师即刻拿起侍兵身上的利刃，把自己的胸膛剖开，挖出一颗血红的心："你们看，我的心慈不慈悲？"接着，佛图澄大师对着身旁的一盆清水念念有词，说也奇怪，那盆平静无痕的清水突然长出一朵洁白的莲花，顿时馨香盈室，佛图澄大师面不改色地把跳动的心拿给石勒、石虎看："我的心就像这朵净莲一样的高洁无染！"

石勒、石虎虽然凶残，看到一位出家人毫不畏惧地挖出自己的心，不觉大惊失色，不得不感动礼拜佛图澄大师为依止师父，从此对大师的话言听计从，不再滥杀无辜。

革卦告诉人们，改革只要符合时代进步的要求，并顺应民意，使民众得到实惠，广大群众便会心悦诚服地顺应改革，拥护改革。作为个人，也应该参与改革，更新观念，做一个适应时代发展的人。

耳^{ěr}聪^{cōng}目^{mù}明^{míng}

这一成语来自《易经》鼎卦。孔子解释该卦卦辞的《象传》说：巽而耳目聪明，柔进而上行。

巽，随顺。聪，金文 （图），左面是耳朵 （图），右面 （图） 是心有所思所悟，表示听觉灵敏。明，眼力敏锐。

成语耳目聪明，指听得清，看得明，形容头脑清楚，眼光敏锐。

鼎卦卦象：

上离

下巽

鼎卦，下面是巽卦，巽代表木，上面是离卦，离代表火，木上有火，即木上燃烧着火焰，呈烹饪的状态，象征鼎器，鼎又是权力、威信、法律的象征。

鼎，甲骨文 （图），像一个下面有足 （图），上面有提耳 （图） 的青铜器皿，古代主要用于王室祭祀或熬制美食。

鼎是国家的重器，古代改革的条文及业绩都刻在上面，没有比鼎更能变革事物了，所以在革卦之后是鼎卦。

孔子解释该卦卦辞的《彖传》说：鼎卦，取名于鼎器的象形，也就是把木柴放入火里，进行烹饪。圣人烹饪食物用于祭祀上帝，而大量的烹饪食物用于供养圣贤。温顺而耳聪目明，柔顺者前进而向上，取得中位并应和刚者，所以最为亨通。鼎，也有建立新制度，树立新榜样的意思。

—— 延 伸 拓 展 ——

《尚书》在《尧典》中讲述了尧是一个耳聪目明的君王，他治理的国家安定和谐，像大鼎一样屹立在东方。

他不仅重视影响农业的天文气候，确定农业耕种的节气，还对治理国家的接班人做到心明眼亮，识人准确。

在考虑帝位接班人时，有人提议让他的儿子丹朱接班，他却明确表示不行。在他眼里这个儿子"谈吐狂妄，不守信用，不可以担任这种职务"。

有人提议共工，尧说："唉！这个人很会说些漂亮话，但却阳奉阴违，貌似恭敬，实则轻慢。"

有人向他推荐舜，他说："这个人我听说过。"耳聪目明的尧，听说舜用孝感动糊涂的父亲、总想害死他的后母和嚣张无礼的弟弟。最后，经过考察，将帝位禅让给了舜。

鼎卦向我们展示这样一个事实，凡是开国之君或开创新事业者都是精明强干，有清醒的头脑和敏锐的眼光，都能够虚心听吸取民众的呼声。有志者，将以此为榜样，做到耳聪目明，成就自己的事业。

匕
bǐ

鬯
chàng

不
bù

惊
jīng

这一成语来自《易经》震卦。卦辞说：震，亨。震来虩虩，笑言哑哑。震惊百里，不丧匕鬯。

虩虩，恐惧的样子。哑哑，形容笑声。匕，用以取饭的勺、匙之类的器具。鬯，古代祭祀、宴饮用的香酒。

成语匕鬯不惊，形容处惊不乱，淡定自若。

震卦卦象：

上震

下震

震卦，震为雷，上下均为震，叠连轰响着巨雷，象征着雷声、震动。雷声震动，使万物皆惧而知道戒备。这样遇到大事能从容镇定，就可以出头主持祭祀，担当保家卫国的重任。

震，甲骨文 ，上面 是振，下面 是指加上两点像腿在发抖，表示天雷震撼天地，令人恐惧发抖。

该卦卦辞的意思是，震卦，亨通。震雷袭来时惊慌不安，继而谈笑自若。雷声震惊百里，手中的勺具香酒却不失落。

延 伸 拓 展

1947 年，国民党在对解放区全面进攻失败后，改为重点向山东和陕北进攻。胡宗南调集了 23 万大军，想围歼陕北只有 2 万军队的党中央。面对强大的敌人，毛主席和中央机关撤出延安，与敌人不停地兜圈子，不久来到安塞县一个十几户人家的王家湾。

住了一段时间后，胡宗南发现了毛主席和中央机关的踪迹，便派 4 个半旅从南向北奔过来，又命令驻榆林的大批军队向毛主席和党中央王家湾赶来，天上飞机轰鸣，形势十分危急。

敌人已经很近了，周恩来劝毛主席赶快走。

毛主席却不慌不忙像平常那样抽着烟，踱着步，用从容的眼光看着大家。他说，我们在这里住了那么久，敌人来了，我们却要偷偷地走了，不行，我要看到敌人再走。

正是这种沉着冷静，毛主席和党中央硬是在敌人的眼皮底下自由穿插，让敌人屡屡扑空，以失败告终。

124

震卦告诉人们，只要时刻保持恐惧谨慎的心态，不断反省自己的言行，使自己的行为符合正确的社会道德规范，就不会受到天神的惩罚，遇到大事自然会谈笑自若，从容镇定。反之，则会闻惊雷而恐惧，遇大事而胆战心惊。

思 sī
不 bù
出 chū
位 wèi

这一成语来自《易经》艮卦。孔子解释该卦卦辞的《象传》说：君子以思不出其位。

思，考虑。位，职位。

成语思不出位，指考虑事情不要超出应有的范围。

艮卦卦象：

上艮

下艮

艮卦，艮为山，上下都为山，山的特性是止，一山不能镇止，两山重叠，止义更大，象征大山、停止、抑止。

艮，甲骨文 ，上面 是眼睛，下面 是人，表示走不通了向后看，引申为停止。

前面是震卦，事物不可能总是处在震动的状态中，总有停止不动的时候，所以震卦的后面是艮卦。

解释该卦卦辞的《象传》说：两座山重叠，是艮卦的象征；君子据此，所思所想都不超出自己的职分。

这一卦的核心是教人学会像山一样止，正像《大学》中所说，"止于至善"。

延伸拓展

春秋时期，越国大夫范蠡知止而全身。

范蠡辅佐越王勾践，兴越灭吴，一雪会稽之耻，被尊为上将军。范蠡功成名就后，急流勇退，变官服为一袭白衣，携西施西出姑苏，泛一叶扁舟于五湖之上，遨游于七十二峰之间。范蠡到了齐国，隐姓埋名，自号"鸱夷子皮"（牛皮囊的意思），借此以志不忘伍子胥被吴王夫差逼迫自杀、尸体被装进鸱夷（牛皮囊）中投入长江之事。

在齐国的一块荒地上，范蠡苦身尽力，开荒垦地，治产经商，"十九年中三致千金"，达到"巨万"，却仗义疏财，三次散尽千金，天下人称其为陶朱公。

范蠡深知越国勾践的为人，他从齐国写信给另一功臣文种说："飞鸟尽，良弓藏；狡兔死，走狗烹，越王为人长颈鸟喙，可与共患难，不可与共乐。子何不去？"文种在接到信后便称病不上朝，但最终仍未逃脱赐死的命运。而范蠡因为懂得"知止"，智以保身，成名天下。

艮卦启发人们，学会行动重要，学会停止更重要。在不同的位置上都面临这个问题。当行则行，当止则止，这是《易经》给我们的辩证思想。这里有两个关键需要把握：一是位置，在什么位置思考什么问题。如孔子所说，"不在其位，不谋其政"。要学会停止，一般不要越位。二是时机，要把握好时机，该止则止，见机行事。范蠡与文种就是正反两个很好的例子。

言 yán
之 zhī
有 yǒu
序 xù

这一成语来自《易经》艮卦第五爻。爻辞说：六五，艮其辅，言有序，悔亡。

艮，停止的意思。辅，上牙床。序，甲骨文 ，开放的大房子 ，四周有直通的走廊 ，表示进入主屋的不同方向的走廊，一种既可遮风避雨又可欣赏风景的附属建筑，引申为有规则的先后，次第。

成语言之有序，指说话和写文章很有条理、有次序。

艮卦第五爻：

上艮

下艮

该爻爻辞的意思是，六五，话要停止在上牙床，当说则说，说话也应有条理，这样后悔就会消亡。

---延伸拓展---

一次，汉文帝到上林苑游玩。他问上林尉说："这苑中有多少禽兽？"上林苑尉听后张口结舌，支吾半天答不上来。汉文帝又问了一些其他问题，这个上林苑主管都答得不好还急得满脸冒汗。

这时，一个小吏站了出来，他十分详细地回答了汉文帝的提问，口齿伶俐，表达流畅。汉文帝大喜，便与身边的大臣商议提拔这个小吏。可是大臣张释却说："有道德和真才实学的人，不会夸夸其谈。越是有德的人，越是器宇深沉，言语简当。这位小吏给人一种刻意炫耀的感觉，如果提拔他，天下的人便会纷纷效仿，会导致只重言辞而不重实际才干，那么社会风气就不好了。"

汉文帝觉得张释说的有道理，便打消了提拔小吏的念头。

其实张释反对提拔这个小吏，是因为小吏犯了"不在其位，不谋其政"的忌讳。

我们常说，病从口入，祸从口出。最关键的是要管好嘴，该说则说，该止则止。该卦启示我们，当需要说的时候还要讲究说话的技巧。说话前要周密思考，理清次序，说则有理有据有序。如果管不住嘴，信口胡说，或语无伦次，最终会给自己带来灾祸。

hóng
鸿
jiàn
渐
zhī
之
yí
仪

这一成语来自《易经》渐卦说第六爻。爻辞：上九，鸿渐于陆，其羽可用为仪，吉。

鸿，甲骨文 🐦，左面的 𝟏 是巨大，右面 🐦 是鸟，表示大雁，高飞迁徙的大型飞禽。陆，同阿，大山也。仪，羽舞。

成语鸿渐之仪，指对人的风采才能与众不同的赞许。

渐卦卦象：

上巽
下艮

渐卦，下面是艮卦，艮代表山，上面是巽卦，巽代表木，山上之木为高大之木，高大之木慢慢成长，徐而不速，为渐，象征渐进。

渐，篆文 𝌀，左边是水 𝌀，右边的斩 𝌀 是切分，表示多步骤分流治水，引申为点滴积累的，逐步。

前面是艮卦，意为停止。事物不能总在停止状态中，会徐缓慢进，所以艮卦后面是渐卦，意为渐渐在前进。

该爻爻辞的意思是，上九，鸿雁渐进于高山，它的羽毛可用在羽舞的仪式中，吉利。

延伸拓展

在山东曲阜的孔庙里，配享孔子的十二哲人分列左右。这十二哲人中，十一人为孔子的弟子。唯独一人不是孔子的弟子，他是宋朝的朱熹。

朱熹享有这个待遇，因为他是儒家思想的集大成者。这来源于他的好学，一点一滴的积累，最后成长为一个影响中国文化的伟大思想家。

他从小就聪明过人，刚刚学会说话，父亲朱松指着天告诉他说："这就是天。"朱熹却马上问父亲："天的上面是什么？"一下子把父亲给问住了。朱松觉得自己儿子这么小就能想到天外的世界，心里很高兴。

后来朱熹从师读书，他那聪明好问、勤学多思的作风表现得更加明显了。老师教他读《孝经》，他看过一遍，就在书上写道："不能这样，就不能算作一个人！"他和伙伴们在一起玩，别的孩子胡打乱闹，唯独朱熹在沙土地上，用手指在仔细地画着什么。一会儿大人来了，发现他画的是《易经》的八卦图形。正是这样一点点地积累，朱熹最终成为一个有大学问的人。

渐卦这一爻是对鸿雁的赞美。人们之所以用大雁的羽毛作礼仪的饰品，是对大雁忠贞不渝品格的崇尚。大雁总是成双成对地生活在一起，一只死掉，另一只终身不再成双。另外大雁飞翔时，总是排成行，非常讲究秩序。大雁失去了生命，它的精神风采通过人们的礼仪活动获得了永存。为人，也应当如此。

yǒng
永

zhōng
终

zhī
知

bì
敝

这一成语来自《易经》归妹卦。孔子解释该卦卦辞的《象传》说：君子以永终知敝。

敝，甲骨文 ，左面 是绢布，右面 是手持器械，表示用器械撕毁绢布，引申为破的、坏的、不健全的、弊病。

成语永终知敝，指在好的结果时察知可能的弊病。

归妹卦卦象：

上震

下兑

归妹卦，下面是兑卦，兑代表泽、代表阴，性悦，上面是震卦，震代表雷，代表阳，性动。雷震于上，泽随而动，为女从男，归妹象征少女出嫁。婚嫁是天地正义，但要走正道，否则将会出现凶险而没有利益。

前面的渐卦表现是女子待嫁，待嫁的女子必然会出嫁，所以渐卦的后面是归妹卦。

解释该卦卦辞的《象传》说：泽上有雷鸣，是归妹卦的象征；君子据此，当思百年之好，并察知可能的弊病。

───── 延伸拓展 ─────

在周朝初年，人们会对一个成功的婚姻津津乐道，这就是帝乙归妹。

周公还将这件事写在了归妹卦第五爻的爻辞里：帝乙归妹，其君之袂，不如其娣之袂良，月几望，吉。

故事讲的是，纣王的父亲商王帝乙将妹妹嫁给周文王。帝乙妹妹作为文王的妻子，她的衣服还不如陪嫁女子的衣服好，这说明帝乙的妹妹是一个俭朴贤惠的女人，与这样的女子结合，一定会圆满，吉祥。

结果证明，周文王在贤妻的辅佐下成为一代圣王。

男婚女嫁，天地交合，生生不息，是人生美好的事情。归妹卦告诉人们，在美好的时候要思考夫妻恩爱的长久之道，要知道爱情之路上的种种坎坷，以便妥善经营，防止其弊病破坏美好的婚姻。做事也如此。事情若做得长远，必须了解其中的弊端，认真应对，防患于未然。

日 rì
中 zhōng
则 zé
昃 zè

这一成语来自《易经》丰卦。孔子解释该卦卦辞的《彖传》说：日中则昃，月盈则食。昃，太阳西斜。食，同蚀，意为亏缺。

成语日中则昃，指太阳到了中午就要偏西，比喻事物发展到一定程度，就会向相反的方向转化。

丰卦卦象：

上震
下离

丰卦，下面是离卦，离代表电、代表火，上面是震卦，震代表雷，雷电俱至，威明备足，为丰，象征丰盛、硕大。

丰，甲骨文 ，上面 是枝叶茂盛，下面 是土，表示古人在帝王所赐的土地四周种植高大茂盛的树木，以标志所属的地界，引申为高大挺拔、装满、盛大、大量的。

前面归妹卦是说帝乙嫁女，百姓都有好的归宿，合家团圆，幸福快乐，便会有大的收获并

富裕起来，所以归妹卦后面是丰卦。

　　孔子解释该卦卦辞的《象传》说：丰，盛大的意思。在光明中行动，所以是大。君王来到宗庙，是因为他重视的是大事。不必忧虑，适宜在正午举行祭祀，是因为这样宜于普照天下。太阳到了正午就开始西斜，月亮一旦圆起来就开始亏缺。天地的或盈或虚，随着时间的变化而推移，人与鬼神都遵循这一规律，无法改变。

延 伸 拓 展

　　公元前 2 世纪，雄屹东方的大汉王朝在汉武帝时达到了鼎盛，也从此开始了衰败之旅。

　　在接班人难以确定的情况下，汉武帝临终时只好将帝位传给了只有 8 岁的刘弗陵，虽有托孤大臣霍光等人的辅佐，但难挽颓势。后来的几个皇帝都难逃外戚专权的命运，一直发展到王莽这个"安汉公"废帝自立新朝，从而成为西汉的掘墓人。

　　公元 17 年，湖北京山地区的绿林山爆发了绿林军起义。一年之后，山东琅琊又爆发赤眉军起义。走投无路的王莽率众臣去南郊哭天，也无法阻挡绿林军攻克长安的步伐，自己逃到一个小店，也被小商人砍死。直到刘秀的出现和东汉的建立，才延续了大汉王朝。

　　盛极必衰，这是丰卦给我们的深刻启示。这一客观规律，人与鬼神都无法逃避，只能遵循和掌握这一规律，努力趋利避害，尽量保持和发扬日中时事物的最佳状态，让万物的德性充分放出光芒，惠及更多的人。

丰屋之戒
fēng wū zhī jiè

这一成语来自《易经》丰卦第六爻。爻辞说：上六，丰其屋，蔀其家，窥其户，阒其无人，三岁不觌，凶。

丰，指大。蔀，覆盖用以遮阳的棚席。窥，𥧌，上面 𥨍 是孔洞，下面 𥩈 是视，观察。阒，音 qù，空，无人。觌，见。

成语丰屋之戒，指高大的房屋，将有亡家之祸，当引以为戒。

丰卦第六爻：

䷶　　上震
　　　下离

该爻爻辞的意思是，房屋高大，遮蔽了其他人家。从门缝里往里看，空寂无人，三年不见

人影，凶险。 解释该爻的《象传》说：房屋高大，主人得意的像鸟儿在天上飞，从门缝向里看无人，是全家躲藏起来了。

——延伸拓展——

唐朝诗人杜牧著名的《阿房宫赋》就是对这一卦爻的最好注解。

杜牧一开篇便写秦王统一六国后，大兴土木建造阿房宫，其宏伟与奢华无与伦比。

覆盖三百多里范围，遮天蔽日。沿骊山向北建筑再往西转弯，直到咸阳。渭水、樊川浩浩荡荡，流进了宫墙。五步一座楼，十步一个阁，走廊如绸带般萦回，飞檐像鸟嘴般高啄。各自依着地形，四面八方向核心辐辏，又互相争雄斗势。楼阁盘结交错，曲折回旋，如密集的蜂房，如旋转的水涡，高高地耸立着，不知道它有几千万座。一天之中，一宫之内，而气候不相同。

这样豪华的宫殿群，里面堆满了从山东六国掠夺来的宝物，充满了六国抢来的美女，后继的掠夺仍不绝于路。

诗人最后说，天下的人民，口里不敢说，心里却很愤怒。可是独夫民贼的思想，一天天更加骄横顽固。结果戍卒大呼而起，函谷关被一举攻下，楚兵一把大火，阿房宫化为一片焦土。秦始皇建立的秦帝国顷刻倒塌，是秦人自己毁了自己。

该卦爻告诫人们，不要盲目追求房屋的高大，追求高大的结果是家破人亡。任何时候都要努力控制自己的欲望，一旦欲望像鸟儿一样飞到天上，灾难也会从天而降。阿房宫遮天蔽日，覆压三百里，最后导致秦王朝轰然倒塌。

雉 zhì

飞 fēi

矢 shǐ

亡 wáng

这一成语来自《易经》旅卦第五爻。爻辞说：六五，射雉，一矢亡，终以誉命。

雉，野鸡。矢，箭。

成语雉飞矢亡，指野鸡未射到还失去了箭，比喻得不偿失。

旅卦卦象：

上离

下艮

旅卦，下面是艮卦，艮代表山，上面是离卦，离代表火，火在山上燃烧，势非长久，为旅，象征旅行、旅途、不安定。

旅，甲骨文 ，上面 是迎风飘扬的战旗，下面 是人们在追随，表示士兵追随着战旗行军征战，引申为出行、远游、军队。

前面丰卦因过度追求大房屋出现了大变动，变动会使一些人逃亡避难，所以丰卦后面是旅卦。

第五爻爻辞的意思是，六五，射野禽，丢失了一支箭，但最终获得了荣誉和任命。

───╣ 延 伸 拓 展 ╠───

一心想振兴燕国的燕昭王向郭隗询问如何才能招来人才。郭隗就给他讲了一个故事：从前有一位国君，愿意用千金买一匹千里马。可是3年过去了，千里马也没有买到。这位国君手下有一位不出名的人，自告奋勇请求去买千里马，国君同意了。这个人用了3个月的时间，打听到某处人家有一匹良马。可是，等他赶到这一家时，马已经死了。

于是，他就用500两黄金买了马的骨头，回去献给国君。国君看了用很贵的价钱买的马骨头，很不高兴，认为这是雉飞矢亡，白费黄金。买马骨的人却说，我这样做，看来大王你失去了500两黄金，却让天下人都知道，大王您是真心实意地想出高价钱买马，并不是欺骗别人。果然，不到一年时间，就有人送来了3匹千里马。

郭隗讲完上面的故事，又对燕昭王说："大王要是真心想得人才，也要像买千里马的国君那样，让天下人知道你是真心求贤。你可以先从我开始，人们看到像我这样的人都能得到重用，比我更有才能的人就会来投奔你。"

燕昭王认为有理，就拜郭隗为师，还给他优厚的俸禄，并让他修筑了"黄金台"，作为招纳天下贤士人才的地方。消息传出去不久，就有一些有才干的名人贤士纷纷前来，表示愿意帮助燕昭王治理国家。经过20多年的努力，燕国终于强盛起来，打败了齐国，夺回了被占领的土地。

旅卦告诉人们，聪明人是不会干"偷鸡不成蚀把米"的事。但在一定的场合下，必要的失是会换来丰厚的得。像战国时期的燕昭王用千金买马骨，虽未得千里马，却招来了众多千里马，人才都汇集燕国，使其很快强盛起来。

shēn
申

mìng
命

xíng
行

shì
事

这一成语来自《易经》巽卦。孔子解释该卦卦辞的《象传》说：君子以申命行事。

申，甲骨文 ，像雨天的闪电，神秘而令人惊恐的霹雳、朝各个方向开裂，引申为伸展、扩展、郑重说明。

成语申命行事，后来演变成今天的三令五申，指反复宣布政令，严格按命令实施政事。

巽卦卦象：

上巽

下巽

巽卦，上下皆巽，巽代表风，风之入物，无所不至，无所不顺，象征顺从、进入。

巽，金文 ，像将两个小孩作为祭品摆在祭台上准备献给天神，引申为顺从、附和。

前面是旅卦意为羁旅之人在异国他乡性格要柔顺，就得具有风的品格，所以旅卦后面是巽卦。

解释该卦卦辞的《象传》说：风与风相随，便是巽卦的卦象；君子据此反复申明命令，实施政事。

延伸拓展

孙武为吴王练兵，三令五申后，严厉执法，吴国军力大增。

春秋后期，地处东南的吴国迅速崛起，吴王有了抗击楚国最终称霸的志向。在伍子胥的推荐下，当时富有军事谋略的孙武见到了吴王，并将自己的兵法书献给吴王。吴王阅后大喜，便让他先训练一下自己的后宫的宫女，以检验一下孙武的练兵能力。

两位吴王宠爱的妃子分别当了两支宫女队伍的队长。孙武在训练之前便三令五申，讲明动作要领和训练军纪。开始，在宫中待闷了的宫女觉得好玩，让其向左，她们偏向右，嬉戏打闹。孙武又反复讲明军纪，仍无改观。孙武下令斩杀两名队长，当吴王求情时，两个妃子的头已经落地。此后，队伍训练好了，整齐划一，令行禁止。

吴王便拜孙武为大将军，训练吴国军队，吴国军力大大提高。

巽卦告诉人们，政令的行使，需要上下通顺。一个政策和法规要反复宣传，正如毛主席所说，要让广大群众都知道。只有家喻户晓，人人明白，得到广大群众的理解和支持，才能顺利地推行。

péng 朋
yǒu 友
jiǎng 讲
xí 习

这一成语来自《易经》兑卦。孔子解释该卦卦辞的《象传》说：君子以朋友讲习。

习，甲骨文 🗲，上面 🗲 是鸟的翅膀，下面 ⬜ 像个鸟窝，表示幼鸟在鸟巢上振动翅膀演练飞行，引申为演练、模仿、实践。

成语朋友讲习，指与朋友一起互相讲解演习。

兑卦卦象：

　上兑
　下兑

兑卦，兑代表泽，兑性悦，上下皆悦，象征喜悦，欣喜，也指口舌与讲话。

兑，甲骨文 🗲，上面 八 是发音，下面 🗲 是祭祀时兄长在向神灵念祷，表示向神许诺，引申为实现承诺，也为喜悦。

前面巽卦讲求随顺地与人交往，相互的语言交流使大家十分愉悦，所以巽卦后面是兑卦。

解释该卦卦辞的《象传》说：丽泽相连，是兑卦的象征；君子应据此与朋友讨论学识，相互实践所学的知识。

这一卦的主要意思是人与人交往，兑现承诺，是会给人带来喜悦。不仅朋友如诺相会，令人喜悦。为政者兑现承诺，民众心中更喜悦。

——延伸拓展——

战国七雄中，秦国能够兑现军功奖励，战斗力大增，秦军被称为虎狼之师，是横扫六国的主要原因。

秦国自商鞅变法后，一直重视奖励军功，推行鼓励耕战的国策。按照秦国的军功受爵制：无论何人，在战场上斩敌一首级，可以免除奴隶身份，可以受爵一级，愿意为官者授予官职，不愿为官者授田宅。

杀敌立功，迅速兑现，可以加官晋爵，还能荫及子孙。有了这样的政策，秦军上了战场，人人争先，个个奋勇杀敌，其拼命精神远远超过其他六国。史籍记载，秦国的士兵打仗时，一手抓着敌人的首级，另外的胳膊挟着一个战俘向前冲。

战场上的付出，可以得到喜悦的回报，秦军冲锋陷阵，不惧生死，勇往直前。

兑卦也将相互学习作为与友交往的重要原则。它告诉人们不能只贪图娱乐，要以学为乐。正如孔子所说："有朋自远方来，不亦说乎？"要实现心中的梦想，朋友们在一起应相互交流，从而提高自己的学识和道德修养。

匪夷所思

fěi
yí
suǒ
sī

这一成语来自《易经》涣卦第四爻。爻辞说：六四，涣有丘，匪夷所思。

丘，山丘。夷，平，指平常人。

成语匪夷所思，指不是平常人所能想出来的。

涣卦卦象：

上巽

下坎

涣卦，下面是坎卦，坎代表水，上面是巽卦，巽代表风，风行水上，风推波助澜，使水流散。

涣有水流散的意思。涣卦象征组织和人心涣散，需要用积极的手段和方法克服，转危为安。

涣，篆文 ，左面 是水，右面 是奂，交递，表示水向四处漫流，引申为涣散。

该卦第四爻爻辞的意思是，水波冲击着人群，大吉祥。水中的人群，聚为山丘，不是常人所能想到的。《象传》在解释这一爻时说：水波冲击着人群，大吉祥，是团结的力量得到了发扬光大。

——延伸拓展——

《左传》记载，鲁昭公八年（前534年），晋国有个叫魏榆的地方出现了一件匪夷所思的事情：石头开口说话。这事很快传开了，也传到了晋国国君晋平公的耳朵里。

当时，晋平公正在今天的山西侯马附近兴建大型的虒（sì）祁宫，不顾农时，动用了大量的民力，民众苦不堪言，其他向霸主晋国纳贡的诸侯国也多有怨言。

晋平公询问有超常听觉能力的晋国大夫师旷，说："石头为什么开口说话？"

师旷回答说："石头并不能说话，可能是其他东西凭附在上面了。不然的话，就是百姓听错了。不过下臣又听说：'做事不合时宜，激起民众的怨恨诽谤，便有不会说话的物体开口说话。'现在，国君的宫殿高大奢侈，民众的财力耗尽，怨声载道，不能确保自己的基本生活，人心涣散，石头开口说话，不也是很自然的吗？"

晋平公听了师旷的话，停止了工程，解散了放弃农时前来施工的民役，施行德政，使涣散的民心重新凝聚，诸侯们也真心归附晋国。

涣卦告诉人们，在艰难危险的关头，不能按既有的惯性，要团结一心，人心齐，泰山移。只要众志成城，没有克服不了的困难，就会创造出奇迹。

láo
劳
mín
民
shāng
伤
cái
财

　　这一成语来自《易经》节卦。孔子解释该卦卦辞的《象传》说：天地节而四时成，节以制度，不伤财，不害民。

　　节，金文 🦴 ，上面 ⺮ 是竹子，下面 🦴 是就餐，表示用于进餐盛具的竹碗，以竹结为天然碗底，引申为节制、节俭、紧缩、自律。意为天地有节制，有春夏秋冬之分。

　　成语劳民伤财，是说既让人民劳苦又耗费钱财。指滥用人力物力，造成浪费。

　　节卦卦象：

　　　　　　　　　　　　　　　上坎

　　　　　　　　　　　　　　　下兑

　　节卦，下面是兑卦，兑代表泽，上面是坎卦，坎代表水，泽之容水，会有限量，过度就会溢出，应加以节制。节卦象征节制、节俭。

　　前面涣卦讲离散、迁移，但迁移的人们不会永远处于漂泊之中，肯定会找到属于自己的乐土。于是乐土与漂泊之间便有一个过渡的"节"，所以涣卦后面是节卦。

《彖传》在解释这一卦时说：天地节制，四季形成，用制度来节制，就不会浪费财物，也不会伤害百姓。

——延伸拓展——

隋炀帝劳民伤财的形象工程，加快了隋朝的灭亡。

大业六年元宵节，为了接待西域各国酋长和商人，隋炀帝在首都洛阳搞了一次迎宾嘉年华，可以说是奢华之极。

他安排人在都城洛阳的端门街盛陈百戏，吹奏丝竹乐器的人就有18000人，乐声震天，几十里外都能听到。从黄昏到第二天放亮，一夜灯火辉煌，光耀天地。这样的夜晚持续了一个月，花费了大量的钱财。

除了夜晚的"华灯夜放花千树外"，白天更不逊色。他下令装点市容，要求檐宇统一，珍货充积，店设帏帐，人穿华服，卖菜的地方要铺上用龙须草编的席子，街道两边的树上尽管风寒叶凋，也要披绸挂缎装扮得满树花开，五彩缤纷。客人经过店铺，酒店老板要邀入进餐，酒足饭饱，一分钱不收，还要谎称："我大隋国富裕，客人吃饭是向来不收钱的！"

隋炀帝花巨资打造的形象工程，无非是想向四邻夸功显富，炫耀政绩，以扬威天下，震慑周边国家。然而，隋王朝早已危机四伏，水旱蝗灾使百姓饥寒交迫，苛捐杂税又频频激起民怨，隋炀帝就好像坐在即将爆发的火山口上。

果然，第二年，就爆发了农民起义，天下大乱，群雄并起，一时间，竟有"十八路反王，三十六路烟尘"。几年后，隋炀帝最终和他的王朝一起覆灭了。

　　自古以来，节俭对于个人、社会乃至国家都是一种美德。节卦告诉人们，只有节制铺张浪费的行为，才会不伤害民众，使民众安居乐业。"成由节俭败由奢。"节俭会成就个人事业，也会使一个国家和民族永不衰败。

信
jí 及
tún 豚
yú 鱼

这一成语来自《易经》中孚卦。孔子解释该卦卦辞的《象传》说：豚鱼吉，信及豚鱼也。

豚，甲骨文 ⺼，右面 ⻖ 小猪，加上 ∧ 是肉墩墩的小猪。及，达到。

成语信及豚鱼，指信用及于小猪和鱼这样微贱的东西。比喻信用非常好。

中孚卦卦象：

上巽

下兑

中孚卦，下面是兑卦，兑代表泽，上面是巽卦，巽代表风，风行泽上，无所不至，上下交孚，有诚信之德，象征诚信、诚实。

风，指的是信风，每年都按时而至。

孚是孵的本字，甲骨文 ⻗ 鸟孵卵有日期之信，应该多少天总会在那天破壳而出。人生子也同样，怀胎十月一朝分娩。引申为诚信。

前面节卦也有信节的意思，符节可以取信于人，所以节卦后面是中孚卦。

孔子解释该卦卦辞的《彖传》说：中孚，阴柔者在内而阳刚者居中。欢悦而谦虚，诚信便可感化邦国。用小猪小鱼祭祀吉祥，是说诚信能够到达豚鱼身上，它们也会上达神灵。宜于涉越大川，是因为乘坐着大木船，用内心的诚信来守正，是顺应天道。

延伸拓展

楚汉相争时，项羽手下有一员大将叫季布。他为项羽出生入死，冲锋陷阵，立下了大功。刘邦对他深为痛恨，统一中国做了皇帝后，下令以一千两黄金的重赏捉拿季布。

季布平时言而有信，答应别人的事情，一定竭尽全力去做，从不使人失望。这种美好的品质使他赢得了许多朋友，民间流传着一句话："得黄金百斤，不如得季布的一个诺言。"当时敬慕季布为人的人，都在暗中帮助他。季布乔装打扮后，到山东一家姓朱的人家当佣工。朱家明知他是季布，仍收留了他，后来，朱家又到洛阳去找刘邦的老朋友汝阴侯夏侯婴说情。

汝阴侯对刘邦说："以前季布为项羽打仗，这是他作为项羽部下应尽的责任。现在陛下为了从前的仇恨捉拿季布，器量未免显得太小了。况且陛下如此仇视季布，假使季布心生畏惧而投奔他国，这不是给陛下增添了麻烦吗？倒不如现在就把他召进宫来，委以官职。"刘邦觉得有理，马上派人撤去告示，并将季布召进宫来，任命他为郎中。

"言必信，行必果。"中孚卦传递给人们的是，古人将诚信视为安邦立命之本。如果我们人人都讲诚信，并且普及到小事情上，社会就会风正气顺，人们必然互相信任，方能万众一心去克服任何困难。

kě
可

gē
歌

kě
可

qì
泣

　　这一成语来自《易经》孚卦第三爻。爻辞说：六三，得敌，或鼓或罢，或泣或歌。

　　罢，同疲。泣，篆文 🖋 ，左面 〰 是眼泪，右面 🧍 是站着的人，表示镇定而克制地无声流泪。

　　成语可歌可泣，是说值得歌颂，使人感动得流泪，指悲壮的事迹使人非常感动。

　　中孚卦第三爻：

☴ 上巽

　　下兑

　　这一爻爻辞的意思是，六三，遭遇敌人，有的击鼓进攻，有的疲惫败退，有的哭泣，有的唱歌。也有人说，这是一首古歌，文字简练，形象生动，描写打了胜仗归来的情景。

汉朝自开国以来，最大的威胁是北方的匈奴。面对强大的匈奴，汉朝初年的几位皇帝不敢正面抗击匈奴，一直采取和亲政策，连单于公开侮辱吕后，也只能忍气吞声。

汉武帝即位后，有雄才大略的汉武帝决定展开战略反击。少年英雄霍去病横空出世，还不到18岁的霍去病主动请缨，跟随舅舅卫青进击匈奴。格外喜欢他的汉武帝封他为骠姚校尉随军出征。第一仗，他就率800骑兵，长驱直入，斩敌2000多人，杀匈奴单于的祖父，俘虏单于的国相和叔叔。全身而归的霍去病令国人大为震动，汉武帝封他为"冠军侯"，赞叹他勇冠三军。

第二年，19岁的霍去病收复河西，大战祁连山，歼灭匈奴5万多人。残败的匈奴人编出了悲痛的歌谣：失我焉支山，令我妇女无颜色。失我祁连山，使我六畜不蕃息。

又过了两年，霍去病率5万骑兵，深入漠北，歼敌7万多人，一直追到贝加尔湖。此役匈奴主力丧尽，再也不敢与大汉为敌。霍去病还在狼居胥山祭天勒石，向上天报告大败匈奴。

可惜，年轻的战神霍去病染病去世，全国为之悲伤，汉武帝还将霍去病葬在自己的陵墓旁，让他永远陪伴自己。

150

该卦爻告诉人们，爱国为民永远是值得称颂的。古代国之大事，在祭与戎。战争取得胜利，胜利的英雄和为国捐躯的勇士值得人们欢呼和哭泣。今天，每一个为国为民做出贡献的人，都值得人们歌颂和学习。

密
mì

云
yún

不
bù

雨
yǔ

这一成语来自《易经》小过卦第五爻。爻辞说：六五，密云不雨，自我西郊，公弋取彼在穴。

雨，甲骨文 ⻗ ，上面一横代表天，⼩ 表示天空降水。弋，音 yì，射也。

成语密云不雨，指满天乌云而不下雨。比喻事物正在酝酿。

小过卦卦象：

上震

下艮

小过卦，下面是艮卦，艮代表山，上面是震卦，震代表雷，山顶上响震雷，其声过常，是对过错的警示，小过卦象征小过错、小有过度。也有归隐山林的意思。

小，甲骨文 ⺌ ，像三（众多）颗细微的沙粒。后指规模、程度、年龄不大的人和物。

前面中孚卦讲诚信，有了符节就可以通过关口，所以中孚的后面就是小过卦。

第五爻爻辞的意思是，六五，浓云密布，却不下雨，从我们西邑的郊外积聚而来。王公射箭猎取穴中禽鸟。

延伸拓展

陶渊明不为五斗米折腰，归隐保全。正如小过卦卦辞里说的"不宜上宜下"，不宜进取功名，宜于归退。

陶渊明为了养家糊口，来到离家乡不远的彭泽县当县令。在那年冬天，郡的太守派出一名督邮，到彭泽县来督察。督邮，品位很低，却有些权势，在太守面前说话好坏就凭他那张嘴。这次派来的督邮，是个粗俗而又傲慢的人，他一到彭泽的旅舍，就差县吏去叫县令来见他。陶渊明平时蔑视功名富贵，不肯趋炎附势，对这种假借上司名义发号施令的人很瞧不起，但也不得不去见一见，于是他马上动身。不料县吏拦住陶渊明说："大人，参见督邮要穿官服，并且束上大带，不然有失体统，督邮要乘机大做文章，会对大人不利的！"这一下，陶渊明再也忍受不下去了，他长叹一声，说道："我不能为五斗米向乡里小人折腰！"说罢，索性取出官印，把它封好，并且马上写了一封辞职信，随即离开只当了80多天县令的彭泽。

后来苏东坡称赞他，"欲仕则仕，不以求之为嫌；欲隐则隐，不以去之为高。饥则叩门而乞食；饱则鸡黍以迎客。古今贤之，贵其真也"。

成语密云不雨描绘的是雨前阴云密布的气氛。后来的诗句"山雨欲来风满楼"也大有此意。小过卦启示人们，要从压抑的气氛中预知这一切正酝酿着暴风雨的到来。同时，也提醒人们既要勇敢又要巧妙而适当地应对大自然和社会政治的各种挑战。

防 fáng
患 huàn
未 wèi
然 rán

这一成语来自《易经》既济卦。孔子解释该卦卦辞的《象传》说：君子以思患而豫防之。

患，金文 ，上面 ∩ 是房屋，里面 是疼痛皱着眉头的病人，下面 是给病人按摩去病，表示生病卧床，居家疗养，亲人忧虑；引申为灾祸、灾难。豫，通预。

成语防患未然，指防止事故或祸害于尚未发生之前。

既济卦卦象：

上坎

下离

既济，下面是离卦，离代表火，上面是坎卦，坎代表水，水在天上，似煮成食物，象征成功、完成。

既，甲骨文 ，左面 是盛食的器皿，右面 是打着饱嗝的人，表示吃饱饭后，掉过头，嘴背着面前的餐桌，引申为已经完成、结束。

济，金文 ⚎ ，左面 ⚎ 是水在渡河，右面 ⚎ 是齐，表示众人在同一船上喊着号子，以统一节奏发劲，整齐划桨，强渡激流，引申为援助、成功。

前卦小过卦是讲小有通过，只有采用舟才能成功渡过，所以小过卦后面是既济卦。

解释该卦卦辞的《象传》说：水在火的上方，是既济卦的象征；君子据此要考察可能出现的祸患苗头并加以预防。

———延伸拓展———

白起以其不可一世的军事天才，曾取得巨大成功，但他没有忧患意识，导致前功尽弃。

在秦国统一六国的战争中，最成功的将领是白起，被人们称为"战神"，从未打过败仗。有人统计过，他坑杀赵军45万人，加上韩、魏、楚，超过100万人，当时六国的总兵力在300万人左右。他夺取四国城池多达100座。

在巨大的成功面前，白起却没有忧患意识，没有察觉自己已经成了敌对国家的眼中钉肉中刺。在苏秦弟弟苏厉的反间计中，白起被范雎在秦王面前进谗言，贬为一般士卒，赶出咸阳。秦王怕他被其他六国收留成为秦国隐患，又派人追上，将其赐死。

既济卦提醒人们，要始终保持警惕，盛极必衰。任何事情在最完美时，其实已不完美了，正是走向衰落的开始。"初吉终乱"，这是事物发展的规律，聪明人应接受古人的忠告，"思患而豫防之"，做到未雨绸缪。

辨物居方

biàn wù jū fāng

这一成语来自《易经》未济卦。孔子解释该卦卦辞的《象传》说：君子以慎辨物居方。

居，安置；方，方位、地方。

成语辨物居方，指辨别事物，使其各得其所。

未济卦卦象：

上离

下坎

未济，下面是坎卦，坎代表水，上面是离卦，离代表火，火在水上，难以济物，未济象征事未成、还没有终止。

未，甲骨文 ，树木 上面再加上枝桠 ，表示夏季果树枝叶正茂，还没结果，引申为没有、不。

前面既济讲已通过河，但事物不可能有终止，还会有新的开始，所以既济卦的后面是未济卦。到了未济卦，代表万事万物运行变化规律的六十四卦演算周期才算完备而终结。但同时，

一个新的周期运行又将开始。未济只是重新开始新的轮回的一个过渡阶段。当然，这种过渡是艰苦的，需要认清形势，分辨是非，做出正确的选择，经过不懈努力，达到新的既济。

解释该卦卦辞的《象传》说：火在水上燃烧，是未济卦的象征；君子据此当谨慎辨别事物，使它们各得其所。

───── 延伸拓展 ─────

著名科幻小说家凡尔纳在困境中不屈服，终于度过艰难时光，到达了成功的彼岸。

天才的凡尔纳进行了大量科幻小说的创作，但是没有出版社认同他的劳动，这令处在未济状态中的他十分苦恼。

1863年冬天的一个上午，邮递员把一包鼓囊囊的邮件递到了凡尔纳的手里。自从他几个月前把他的第一部科幻小说《乘气球五周记》寄到各出版社后，收到这样的邮件已经是第14次了。他怀着忐忑不安的心情拆开一看，上面写道："凡尔纳先生：书稿经我们审读后，不拟出版，特此奉还。"

凡尔纳此时已深知，那些出版社的"老爷"们是如何看不起无名作者。他拿起手稿向壁炉走去，准备把这些稿子付之一炬。他妻子赶过来，一把抢过书稿紧紧抱在怀里，以满怀关切的语言安慰丈夫，"亲爱的，不要灰心，再试一次吧，也许这次能交上好运的"。听了这句话以后，凡尔纳夺书稿的手，慢慢放下了。他沉默了好一会儿，然后接受了妻子的劝告，决心不向时运不济低头，坚持下去，永不放弃，又抱起这一大包书稿寄到另一家出版社。

这次没有落空，读完书稿后，这家出版社立即决定出版此书，并与凡尔纳签订了20年的出版合同。没有对信念的坚守，我们也许根本无法读到凡尔纳笔下那些脍炙人口的科幻故事，人类就会失去一份极其珍贵的精神财富。

面对混乱复杂的社会环境，应该怎样做呢？未济卦告诉人们，聪明的人不要随波逐流，要明辨各类事物，选择好自己的位置和行动的方略。只有这样，才能避免灾祸，走向成功。同时，提醒人们任何事情都在不断变化，而且没有终止，旧事物结束，新的事物又开始。

动 dòng
静 jìng
有 yǒu
常 cháng

这一成语来自《易经》的《系辞》：动静有常，刚柔断矣。

系辞：又称《系辞传》，分上下两篇，是孔子为《周易》作的通论，是"十翼"之一。内容涉及八卦的起源，《易经》的形成、性质、作用、占筮的方法以及孔子解释《易经》（汉之前称为易，汉武帝时才开始称为《易经》，为阅读方便，本书统称为《易经》）的资料等。成语动静有常，是说常规行动和静止都有一定常识，指行动合乎规范。

延伸拓展

孔子在《系辞》中介绍伏羲创造《易经》时，用八卦的阴阳观认识万事万物。他说：天，高高在上显得尊贵，地，位于天的下方显得卑顺，于是乾坤两卦便根据天与地的关系确定了不同的属性。根据高低不同的排列，便可以分出尊贵与卑贱的地位。动与静是天与地的常规，刚与柔也是天与地的不同属性。

引申出这一成语的系辞告诉人们，物理世界的运动是有固定规律的。如太阳、月亮、地球的转动是按照一定的规则在进行的。这一宇宙法则不可改变，人类只能适应这种规则，并照此去调整规范自己的行为。

wù　fāng
物　方
yǐ　yǐ
以　以
qún　lèi
群　类
fēn　jù
分　聚

这一成语来自《易经》的《系辞》：方以类聚，物以群分，吉凶生矣。

方，方术，治病的方法，也有说是不同方位。聚，金文 𦥔 ，上面 𦥑 是取，强求，下面 𠂤 是民众，表示强权向百姓征敛财物，引申为积蓄、会合。

这段系辞的意思是，来自不同方位的种群以类相聚，天下万物依群相分，形成的这些群团因原始资源不足必有利益之争，所以就产生了吉与凶的想法。得到资源利益的一方的心态为吉，失去的一方的心态为凶。

成语方以类聚，物以群分，指同类事物相聚一处，各种事物因种类不同而区分开来。

————延伸拓展————

孔子在《系辞》中除了将天地分出动与静、刚与柔外，又对万物进行了分类。他说：万物按照方位的五行属性聚集，人与物都根据不同的类别组成不同的群体。于是，吉祥与凶险便在不同的方位与群体中体现出来。日月星辰在天上组成不同的天象，而地上的万物也随着天体的变化而化育成形。阴阳二气的变化从天象与地上万物的变化上便可以显露出来。所以阴消阳长循环往复，可以用伏羲发明的八卦变化反映出来。

　　该段系辞告诉人们，大千世界，纷繁复杂，需要我们去辨别和区分。每个方位的人，其个性、风俗、习惯都不同。物理世界的物质也是要进行一群一群的分类。只有明辨细分，才能分门别类解决矛盾，用一把钥匙开一把锁，从而推动事物的发展。

仰观俯察

yǎng guān fǔ chá

这一成语来自《易经》的《系辞》：仰以观于天文，俯以察于地理，是故知幽明之故。

仰，抬起头；俯，低下头，弯下腰。指多方或仔细观察。

成语仰观俯察，指多方或仔细观察。

这一成语其实讲的是伏羲发现和创建《易经》的故事。《易经》的《系辞》下专门提到：古者包羲氏之王天下也，仰则观象于天，俯则观法于地，观鸟兽之文与地之宜，近取诸身，远取诸物，于是始作八卦，以通神明之德，以类万物之情。

—— 延伸拓展 ——

孔子在《系辞》里进一步说明伏羲是怎样发现了天地自然运行的规律，发明了《易经》。

他说：易是以天地的变化规律为准绳，所以能包含天地运行之道。仰观天文的运行变化，俯察地理的形态变化，所以能知道黑暗与光明的原因。推本溯源，反究终末，所以知道生与死的哲理。易道与天地的变化相似，所以能够与天地之道相一致。知道万物周而复始的道理，并且以这种道理济助天下的民众，所以没有过失。

在《论语》里孔子曾说："加我数年，五十以学易，可以无大过矣。"

伏羲发明八卦的故事告诉人们，细心的观察，才能有所发现，才能推动社会历史的进步。伏羲正是通过他细心的观察，揭开了宇宙的奥秘，点燃了中华文明之光。

lè tiān zhī mìng
乐天知命

这一成语来自《易经》的《系辞》：乐天知命，故不忧。

乐，甲骨文 🎵 ，上面 🎵 是丝弦，下面 🎵 是木架或琴枕，表示和着演奏唱歌，引申为开心、愉快。天，天道，天意。命，命运、性命。

这段系辞的意思是，知道宇宙的法则，处处合于自然的天道；了解了生命的道理和价值，自然没有什么可忧虑的了。

成语乐天知命，指安于自己的处境，乐其天然。

延伸拓展

孔子在《系辞》中说道：易揭示的与天地相同的道理，在民众中如果广泛运用就不会流于行为放纵。人们喜乐于天道而知道命运的变化规律，所以不会有忧愁。安于所处的地位，敦厚地发扬仁义，所以能够博爱。效法天地运行的变化而没有过失，阴阳二气合成万物而不会遗漏，懂得了乾坤之道便会无所不知，所以神福泽万物没有一定的方法，易的变化没有固定的形体。

该段系辞启发人们对生活要充满达观的精神。只要我们真正了解了天性，知晓了大自然的变化，明白了人生变化的客观现实，就会从容应对。当我们做到随心所欲，而且将自己的主观努力发挥出来，也就无忧无憾了。

智仁
者者
见见
智仁

zhì　rén
zhě　zhě
jiàn　jiàn
zhì　rén

这一成语来自《易经》的《系辞》：仁者见之谓之仁，智者见之谓之智，百姓日用而不知，故君子之道鲜矣。

仁，甲骨文 ，左面 是人，右面 是二、等同，表示人与人之间要尊重人道，视人若己，同情包容，尤指强势者对弱势者的恩惠。

智，甲骨文 ，左面 是木制武器或戈，右面 是矢，弓箭，中间 用口谈论，表示谈论作战谋略，引申为经验、谋略、聪明的。鲜，很少的意思。

成语仁者见仁，智者见智，指仁者见它说是仁，智者见它说是智。比喻对同一个问题，不同的人从不同的立场或角度去看会有不同的看法。

------ 延伸拓展 ------

孔子在《系辞》中说：一阴一阳的矛盾对立和变化统一就是事物发展的规律"道"。有仁爱之心的人从这个"道"中发现的只是仁爱，有智慧的人从这个"道"中发现的只是智慧，百姓在日常生活中每天都在运用此"道"却茫然不知，所以通达兼容的君子之"道"就更少为人所知道了。

该段系辞启示人们，要学会对待不同的观点。事物都有其多面性，不同的人从不同的角度能看到事物不同的方面。如果我们能够吸纳众人的观点，就能成为最有智慧的人。

shēng
生
shēng
生
bù
不
xī
息

读成语 学「易经」

162

这一成语来自《易经》的《系辞》：日新之谓盛德，生生之谓易。

日新，变化不息，日日增新。生，甲骨文 �，上面 ↓ 是新芽，下面 ⊥ 是土，地面，表示草木破土萌发。 生生，阴阳相互变化而不绝的意思。

成语生生不息，指万物不断繁衍生长而无终止。

—— 延 伸 拓 展 ——

孔子在《系辞》中说：圣人发现的易道显现在各种仁慈上，隐藏于各类日用中，鼓动万物生生不息而不与圣人一同忧虑，盛大的道德功业太伟大了。富有就是大业，每日有新收获就叫盛德。能够日日更新事物，就可以长期存在，不断进步，这是最高尚的品德。阴阳相反相生不断交合变化，万物包括人类也不断繁衍生长永不停止，从而生机无限称作易。

> 该段系辞向我们揭示了宇宙的基本规律：大自然和人类社会万事万物都在不断发展变化，不断创新。旧的事物消亡了，新的事物又成长起来，循环往复没有终止。只要我们坚持创新，就会永葆生机和活力。

同
tóng

心
xīn

断
duàn

金
jīn

这一成语来自《易经》的《系辞》：二人同心，其利断金。同心之言，其臭如兰。

利，锋利。断，篆文 ⿰，左面 ⿰ 是绝，用刀将丝或绳切成两段，右面 ⿰ 是斧，表示用刀斧将物体砍成两段或更多部分。金，金属。臭，气味的总称。

成语同心断金，形容人心齐力量大。

——— 延伸拓展 ———

孔子在《系辞》中说：圣人发现了万物运行的规律，通过卦象和卦爻表现出来。这些规律是不能破坏的，相应的顺序也不能破坏。这些在卦辞和爻辞中都得以体现。

如同人卦的第五个爻辞说：同人，先号咷而后笑。孔子在解释这一爻辞时说：君子之道，该出来执政就出来执政，该退隐就归隐保全。该说的就说，不该说的就保持沉默。两个人一条心，行动一致的力量犹如利刃可以砍断金属。心意相同的人说出话来，像兰草一样芬芳、高雅，娓娓动听。

该段系辞告诉人们，同心同德，团结一致是取得一切成功的真理。一根筷子容易折，十根筷子折不断。一个人的力量是有限的，团结的集体力量大。二人同心，可以断金。共同发声，才有力量。如此而言，千人，万人，乃至一个国家，上下同心，则会强大无比。

huì
诲

yín
淫

huì
诲

dào
盗

这一成语来自《易经》的《系辞》：慢藏诲盗，冶容诲淫。

慢藏，懒于收藏财物。诲，金文 𧭥 ，左面 𧮫 是言，劝说，右面 𣫝 每，是母亲，表示母亲对孩子温柔耐心的诱导，引申为招致。冶容，打扮得容貌娇艳。淫，淫邪。

成语诲淫诲盗，指引诱别人做奸淫、盗窃的事。

┌─ 延 伸 拓 展 ─┐

孔子在《系辞》中说：《易经》的作者，大概知道贼寇的起因吧。解卦六三的爻辞说：'本来是背负东西的穷人却乘坐在豪华的马车上，所以招来贼寇。'背着东西走路是小人做的事情，乘车是君子的出行的方式。如果小人乘坐君子才可以用的马车，贼寇就会因看不惯而想办法把车子夺走。君子在上位傲慢，臣子居下位暴敛，大盗就该想办法把国家夺过来了。

孔子又说："不把财物赶快收藏起来，就是教唆贼寇前来偷盗；女人打扮得容貌妖艳，就是教唆坏人前来淫辱。《易经》中的'负且乘，致寇来'，说的便是自己招致贼寇来犯。"

该段系辞告诉人们，防止淫盗这些不好的事情发生，首先要从自身的防范做起。任何奢侈和炫耀必将招致不测的后果，我们每时每刻都应保持高度的警惕。

读成语 学「易经」

164

触
chù

类
lèi

旁
páng

通
tōng

这一成语来自《易经》的《系辞》：引而伸之，触类而长之，天下之能事毕矣。

伸，申。触，遇，接触。类，金文 ▨，左边上面 ▨ 是米，左边下面 ▨ 犬代表动物，右面 ▨ 是人头，在思考，表示观察、辨识谷物或动物的异同，引申为相似、共同的种属。

成语触类旁通，指掌握了某事物的知识和规律，据此推知同类事物的知识和规律。

───── 延伸拓展 ─────

孔子在《系辞》中介绍了卦爻生成的基本方法，他说：《易经》上下两篇共有 64 卦，有 384 爻，阴阳各 192，以阳数 36，阴数 24，各乘以 192，然后加在一起总计 11520，相当于万物的数字。所以演算一次需要四个步骤，三次演算才能算出一爻，卦有六爻，即 18 次演算才能算出一卦。八卦只代表有限的事物，属于小成。可是将其引申扩展，按照感触到的事类推，可以代表天下所有的事物。它能显现天地之道，神通而符合德行，所以《易经》可以应对人们的各种需要，可以趋吉避凶得到神的保佑。

　　该段系辞告诉人们，触类旁通是人类创造的源泉。鲁班被带齿的野草划破了手，想到带齿的铁条也会划破树，由此发明了锯子。要做有心人，善于观察，又要对事物进行分析，从而创造出新事物。

错 cuò
综 zōng
复 fù
杂 zá

这一成语来自《易经》的《系辞》：参伍以变，错综其数。

参伍，参为三，伍为五，或三或五，指的是天上的三辰五星。错，篆文 鐥 ，左面 金 是金，右面 昔 昔，即措，放置，表示将金粉或金线置于器物表面的沟槽中，构成金色图文，装饰贵重器物，引申为交错、差异、错误。综，相合、总聚。

成语错综复杂，形容头绪多，情况复杂。也有说，这四个字代表了四种卦的四种变化类型，如相互交错的错卦、相反相对的综卦、循环反复的复卦、上下交互的杂卦。

延伸拓展

孔子在《系辞》中说：《易经》中包含着四种（辞、变、象、占）圣人之道：言谈中喜欢引经据典的人崇尚其中的卦辞；喜欢行动的人则喜欢其中的变化；制造器具的人则喜欢其中的卦象；以占卜为生的人喜欢其中的占断。所以君子将要有所作为有所行动时，向《易经》征询得失与吉凶，《易经》便以其六十四卦中的卦辞对征询者作出答复。无论远近幽深，都会得知将来事物的变化状况。如果说《易经》不是天下最精深的哲理，谁又能做到这些呢？天地人三才、五行和阴阳之数参合五位的变化，错综其数字的推演，通达它的变化，终于成就阴阳之数的神妙，而《易经》中阴阳卦爻的文辞也由此可以推知了。

该成语告诉我们，事物的多样性给人们认识事物带来了困难，同时也启示我们要多角度地看问题，从众多头绪中理出问题的症结所在，进而对症下药解决问题。

yán　　shū
言　书
bù　　bù
不　不
jìn　　jìn
尽　尽
yì　　yán
意　言

这一成语来自《易经》的《系辞》：子曰："书不尽言，言不尽意，然则圣人之意，其不可见乎？"

意，金文 🜚，上面 🜚 是音，发声；下面 ◠ 是曰，说，表示言语包含的情感、心志，引申为想法。

成语书不尽言，言不尽意，指语言、文字不容易完全确切地表达思想内容。

延伸拓展

孔子在《系辞》中说：圣人发明了《易经》揭示了天地间的大道。但是用书中的文字是不能把作者的话写全的，言语也不能把我们的心意表达完整。

那么圣人的意思，就不能完全了解了吗？孔子说：圣人树立象数，以表达未能完全表达的意思，使人因象数以悟其心意。设置六十四卦以表达宇宙万物万事的性情，又配以文辞表达自己未能充分表达的言语。

该段系辞说出了语言与文字的局限性，传递出《易经》的表现力。告诉我们，因为人们深刻的思想和曲折的情意，文字和语言难以全面表达，所以圣人创造了八卦，通过八卦的象数来表达思想，揭示天地万物变化的规律。

gè
各

dé
得

qí
其

suǒ
所

这一成语来自《易经》的《系辞》：日中为市，致天下之民，聚天下之货，交易而退，各得其所，盖取诸《噬嗑》。

市，交易货物；致，招致。所，金文 𠁁 ，左面 𠁁 门窗，代表房屋，右面 𠁁 是挥斧砍削，表示伐木筑屋，引申为住处。

成语各得其所，指各人都得到满足。后指每个人或事物都得到恰当的位置或安排。

─── 延 伸 拓 展 ───

孔子在《系辞》中说明了《易经》发明后，历代圣人加以应用，效果显著。孔子说：包牺氏伏羲的部落衰落后，神农氏炎帝兴起。炎帝砍削树木做成犁头，弯曲木料作为犁柄，以便耕种和除草，并将这种工具的使用方法传授给天下百姓，耒耜的发明大概是从益卦受到了启发。

神农氏还开始了商品交易，规定中午作为买卖的时间，招致天下的民众，将所有的货物聚集在一起，互相交换所需要的物品后散去，各自得到自己所需要的东西。这可能是受噬嗑卦的启发。

这段系辞告诉我们，人人都有自己的理想，而人人都有各自的才能。聪明的管理者，就是要让每个人发挥出自己的才能，实现其梦想。

穷则思变

qióng zé sī biàn

这一成语来自《易经》的《系辞》:《易经》穷则变,变则通,通则久。

穷,金文 🔲,上面 ∩ 是洞穴,里面 🔳 是人在山洞里身体被迫弯曲,不得自由,后引申为到了山洞的尽头。变,是更改原来的状态。通,甲骨文是彼此往来,交换货物,引申为通畅、通达。

成语穷则思变,当事物发展到极点的时候,便想到要加以变化,以求通达。后多指人在困境时就会设法改变现状以求发展。

————延伸拓展————

孔子在《系辞》中介绍了伏羲、炎帝按照《易经》提供的天地大道为民众谋得了幸福。到了黄帝、尧、舜,都依然从《易经》中得到了智慧,使自己的部落强大起来。

孔子说:"神农氏的部落衰落后,黄帝、尧帝、舜帝相继兴起。由于社会的演进,从前的典章制度已经不能适应时代发展的需要,所以黄帝、尧帝、舜帝根据从《易经》中学到的哲理,会依据当时的各种变化制定出新的社会制度和行为准则,使民众乐于劳作而不觉得疲倦,以适合民众的精神和物质需求。

《易经》告诉人们的基本道理是穷极则变,变则通,因为通达,所以能够长久。因此,得到上天的保佑,吉祥没有任何不利的。黄帝、尧帝、舜帝治理天下的时候,人们都穿上了衣服,上衣代表乾,下衣代表坤,以乾尊地卑之道治理天下而不用费心机,所以他们的治世之道是从乾坤两卦中得到了启发。

> 该段系辞揭示了事物发展的辩证规律:发展到极限就会产生变化,就会向反面转化。毛泽东说过,"穷则思变,要干,要革命"。这个变,不是等出来的,是要靠干,靠勇于实践换来的。

负 fù 重 zhòng 致 zhì 远 yuǎn

这一成语来自《易经》的《系辞》：服牛乘马，引重致远，以利天下，盖取诸《随》。

服，甲骨文 𦩴 ，左边 月 是方形木枷，中间 彐 是一个罪人，右边 又 抓捕，表示抓捕战俘或罪犯，强制上枷，使之曲从，引申为驯服。乘，乘坐。引重，移动重物。

成语负重致远，比喻能够承担艰巨的任务。

延伸拓展

孔子在《系辞》中介绍了黄帝、尧帝、舜帝掌握了《易经》穷通变化的哲理，又依照乾坤两卦治理天下，天下大治。

这些圣人还从《易经》的许多卦中受到启发，进行了发明创造，推动了人们生产与生活的发展。如他们从涣卦中得到启发，将木材凿成船，砍削木材做成楫，舟楫的便利可以航行到更远的地方，给人们的交通带来了方便。如他们从随卦中得到启发，驯服了野牛，用它来拉车。驯服了野马，用它当坐骑，人们可以用车拉着重物到远方进行贸易，这些交通工具方便了天下民众的相互沟通，从而造福天下。

该段系辞告诉人们，古人驯服了牛马，让它们为人类造福。同时，古往今来人们在使用中更欣赏牛的品质。牛总是默默无闻，吃苦耐劳，任劳任怨地背负着沉重的货物送到远方。这种"老黄牛"精神，至今仍值得我们学习。

殊
shū

途
tú

同
tóng

归
guī

这一成语来自《易经》的《系辞》：天下同归而殊途，一致而百虑，天下何思何虑？

归，归宿；殊，篆文 **㲀**，左面 **卢** 歹，杀死，右面 **米** 朱，红色，表示对红笔题名的罪犯执行死刑，引申为不同、特别的。涂。道路。

成语殊途同归，指采取不同的方法得到相同的结果。

─── 延 伸 拓 展 ───

孔子在《系辞》中进一步阐明一些具体卦为人们提供的智慧，指导着当政者对社会的治理和民众的日常生活。

孔子以咸卦为例，举出咸卦第四爻的爻辞说：憧憧往来，朋从尔思。意思是心神不定的往来，朋友与你的想法是一样的。孔子借此说：天下的事有什么可忧虑的呢？天下的人们都在朝一个目标迈进，只是所走的途径不同，都有一个美好的愿望，尽管有不同的具体想法，仍然不会改变这个目标。天下的事情有什么可忧虑的呢？太阳落下去，月亮就会升起来，月亮落下去，太阳就会升起来，日月循环往复使大地上拥有光明。

该段系辞开阔了我们的眼界：天下的大道理是一定的、一体的。不同的学科，不同的派系，不同的研究渠道，归根结底还要回到这个根本之道上来。

以屈求伸

yǐ qū qiú shēn

这一成语来自《易经》的《系辞》：尺蠖之屈，以求信也。龙蛇之蛰，以存身也。

尺蠖，蠖，huò，昆虫名，行动时，身体先屈后伸。屈，金文 ⿰ ，上面 ⿱ 尾，屁股，下面 ⿰ 出，离住处，表示离开住所，在户外半蹲着翘着屁股排泄，引申为弯曲。 信，伸。蛰，潜藏。

成语以屈求伸，指以退为进的策略。

延 伸 拓 展

孔子在《系辞》中在讲了人们共同前进的目标后，又指出必要的退是为了进。

孔子说：冬天走了夏天就会来到，夏天走了冬天就会来到，寒暑交替往来形成年岁。已往的事情，已经屈缩，将来的事情，即将伸展，在屈缩与伸张中懂得因势利导，有所选择就会得到好处。尺蠖这种小虫子把身子屈起来，是为了下一步的伸展；龙蛇在冬天蛰伏，是为保全自身。

　　该段系辞告诉人们，在条件不具备或处于劣势地位时，应韬光养晦，忍受屈辱，委于对方。在退让中，积蓄力量，等待时机，适时进取，获得最后的胜利。

安 ān
不 bù
忘 wàng
危 wēi

这一成语来自《易经》的《系辞》：君子安而不忘危，存而不忘亡，治而不忘乱；是以身安而国家可保也。

安，甲骨文 🉐，上面 ⌂ 是新房，下面 💃 是新娘，表示男子建房娶亲成家，内心踏实过日子，引申为稳定的。危，甲骨文 🉐、🉐 像悬崖，🉐 像坠石，表示悬崖坠石，人处在下面担心，引申为凶险、不安。

成语安不忘危，指时刻要谨慎小心，提高警惕。

──── 延伸拓展 ────

孔子在《系辞》中强调了《易经》的一个核心思想——忧患意识。

孔子说：心存危难的顾虑，才能平安而不失去自己既得的位置。心存灭亡的顾虑，才能保证自己长久生存。心存防乱的顾虑，才能进行很好的治理。所以，君子居安思危，存而思亡，治而思乱，这样才能自己平安而国家太平。这正如《易经》的否卦九五爻辞所说：要灭亡，要灭亡，系在大桑树上（要常常戒慎警惕）。

该段系辞体现了《易经》强烈的忧患意识。在任何时候，都要安不忘危，存不忘亡，治不忘乱，只有居安思危，有思才能有防危之备，有备才能无患，才能真正做到长治久安。

力不胜任

lì
bù
shèng
rèn

这一成语来自《易经》的《系辞》：子曰："德薄而位尊，知小而谋大，力小而任重，鲜不及矣! 《易》曰：'鼎折足，覆公餗，其形渥，凶。'言不胜其任也。"

鼎折足，覆公餗，其形渥，凶，这是鼎卦九四的爻辞。

成语力不胜任，指能力担当不了责任。

———— 延 伸 拓 展 ————

孔子在《系辞》中强调了《易经》的一个重要理念，努力提高自己才能承担起时代赋予的重担。

孔子说："才德浅薄而地位尊高，智能有限而图谋宏大，力量微弱而肩负重任，很少有不招来灾祸的。"《易经》中说："鼎脚折断，打翻了王公的美食，弄脏了鼎器，凶。"说的就是不胜任的情况。

该段系辞告诫人们，用人要量才而用。俗语说，"能挑八百，莫挑千斤"。没有相应的能力，硬要担当重担，既毁了个人，也毁了事业。

彰 zhāng
往 wǎng
察 chá
来 lái

这一成语来自《易经》的《系辞》：夫《易》，彰往察来，而微显阐幽。

往，甲骨文 ，上面 是足，代表前行、投奔，下面 是王，代表贤君，表示投奔贤君，引申为前去、过去、往事。来，甲骨文 ，上面 一撇像麦穗， 叶子对生的麦子，表示麦子是从域外引进来的，引申为将来。微显，显示细微之事。阐，明。

成语彰往察来，指记载往事不使湮灭，据以考察未来。

延伸拓展

孔子在《系辞》中进一步强调《易经》所阐述的大道是一个智慧和宝藏，可以帮助人们通晓以往，预知未来，发现事物细微的变化机遇。

孔子说：《易经》可以彰明以往，察知未来，显露细微，阐明幽深。每个卦爻有适当的名称，明辨天下事物的形态，不至于混淆不清，正确地表明吉凶变化的道理，毫无偏差，完备无缺。《易经》文辞中所指的事物的名称多数比较细小，但所代表的类别却是极其广大。它的旨意非常深远，它的文辞富有文采，它的言辞婉转而中肯，它所叙述的事物直率而又隐晦，用阴阳二爻的变化来指导人们的行为，表明吉凶得失的报应。

该段系辞告诉人们，历史是一面镜子。它能帮助我们懂得过去，预示未来。它也能帮助我们从细微中发现机遇和危机。我们要用好这面镜子，把历史的教训认真汲取，这样便可预察未来的发展变化，而且能够见微知著，使我们更加明智起来。

水 shuǐ
火 huǒ
不 bù
容 róng

这一成语来自孔子为《易经》所作"十翼"中的《说卦》。《说卦》说：故水火不相逮，雷风不相悖，山泽通气，然后变化，即成万物也。

《说卦》，以八卦取象之法对六十四卦进行解释，也是孔子所作。

逮，金文 🔲，左边 🔲 行走，右边 🔲 一只手抓住动物的尾巴，表示抓捕动物或罪犯，引申为到达、及至。悖，逆。

成语水火不容，根据马王堆出土帛书，水火相逮，指水火相接济。现指两者对立，绝不兼容。

———— 延 伸 拓 展 ————

《说卦》是孔子为《易经》所作的"十翼"之一，是传中的一篇文章，主要通过八卦的取象来解释《易经》，突出其阴阳对立统一，和谐运行。

孔子对八卦所依据的八种自然现象进行了分析，他说：天是乾，地是坤，天与地确定了上与下的位置。山是艮，泽是兑，山与泽相对而气息相连。雷是震，风是巽，雷与风相对而相互激荡。水是坎，火是离，水与火相对不入而又相济。这便是相互交错的先天八卦方位。

该段卦引申出的成语告诉人们，水与火是一对矛盾体，水怕火的煎熬，火怕被水熄灭。同时，两者又互相接济，有太阳的火热，才有水汽的蒸发，才有雨露滋润万物生长。有了水汽的限制，太阳的火热才得以收敛。只有认识到水与火的特性，才能为我所用，造福人类。

矫揉造作

jiǎo róu zào zuò

这一成语来自《易经》的《说卦》。《说卦》说：坎，为水，为沟渎，为隐伏，为矫揉，为弓轮。

渎，水沟。隐伏，是说坎卦是一根阳爻藏于两个阴爻中。矫，使弯曲的变成直的；揉，使直的变成弯曲的。弓，是箭；轮，车轮。

成语矫揉造作，原指人们的制作改变物体的原状态。现指故意做作，不自然。

—— 延伸拓展 ——

孔子在《说卦》中对坎卦加以了详细的说明。他说："坎，代表水，代表沟渠，代表隐伏，代表矫柔，代表车轮。相对于人来说，它代表忧郁，代表心病，代表耳痛，代表血卦，代表红色。相对于马来说，它代表美脊，代表心急，代表低头，代表薄蹄，代表拉。相对于车来说，它代表散架，代表通达，代表月，代表盗贼。相对于树木来说，它代表坚实多心。"

这段《说卦》中的为矫揉，为弓轮，意思是，将曲矫直，将直揉曲，象征弓箭和车轮，这二者也是由矫揉造作而成的。

该段卦告诉人们，制作物品可以矫揉造作。今天人们将这一成语演绎成失去天然的意思。当然，我们写文章最讲真情实感，朴实准确，不能装腔作势。做人更如此，切忌装模作样。

革
gé
故
gù
鼎
dīng
新
xīn

这一成语来自孔子为《易经》所作"十翼"中的《杂卦》。《杂卦》说：《革》去故也，《鼎》取新也。

成语革故鼎新，原指改朝换代，现指通过改革除去旧的，建立新的。

178

————— 延伸拓展 —————

《杂卦》，据说也是孔子解释《易经》所作的，为"十翼"之一。它将繁杂的六十四卦卦名加以精要的解释，因不依《序卦》对卦的编排次序，所以取名为《杂卦》。

孔子作的《杂卦》，没有按照六十四的原有的顺序，而从各卦中选出有关联的内容重新排列，加以提炼，总结出新意义，以显示《易经》的作用广大无穷。这样一来，两两有的相类，有的相反。如刚柔相济，循环往复，革故鼎新等。

《杂卦》在解释革卦和鼎卦时这样说：革卦，讲的是除去旧的，鼎卦，讲的是创立新的。

该段卦告诉人们，事物是在不断变化中发展的。这种进步是在与旧事物的斗争中前进的，只有不断革除旧有的束缚，改革创新，才能使新事物发展壮大，不断发展进步的。